1秒で分かる！

人相術

顔には９人の神さまがいる！

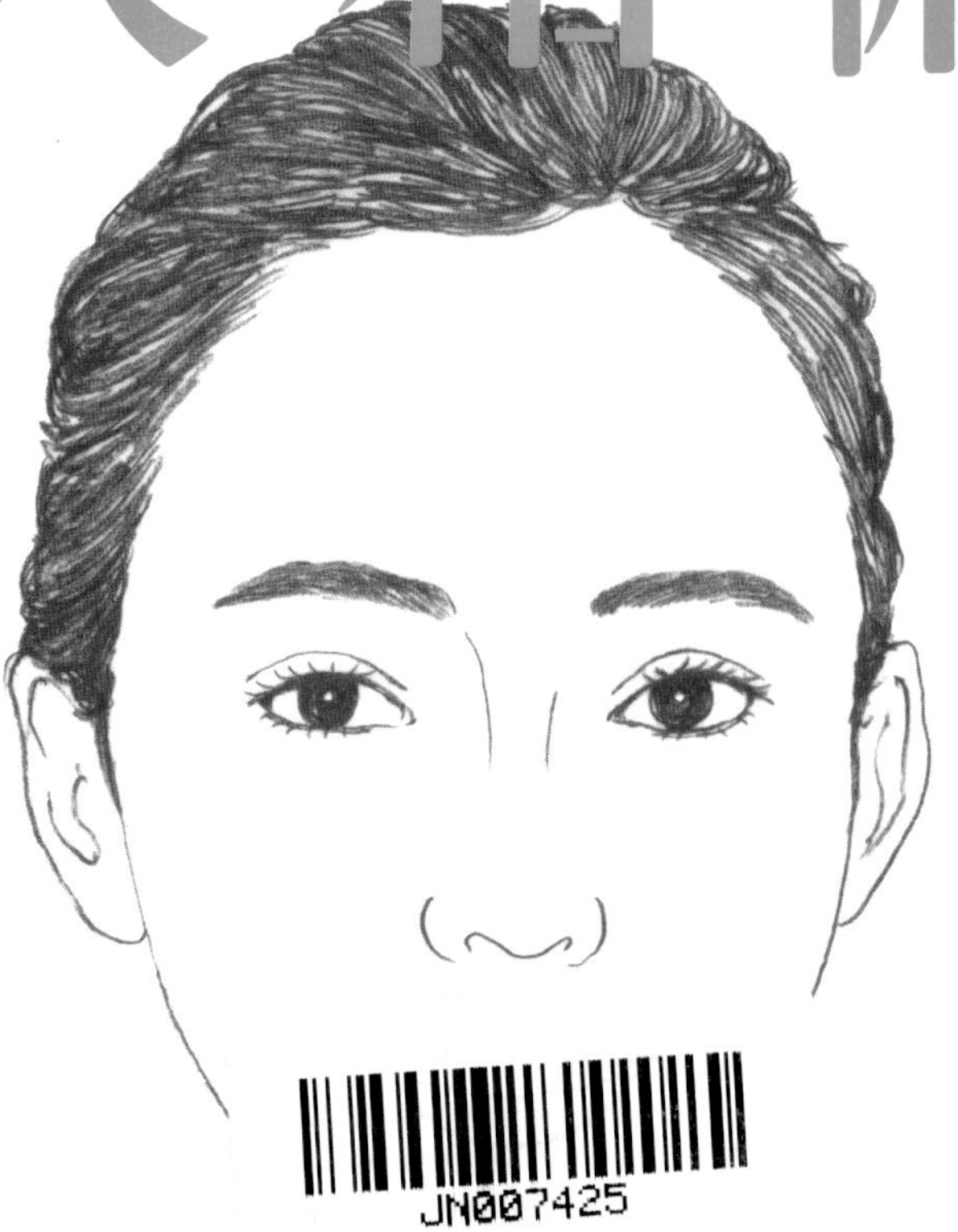

Love Me Do 著

光文社

はじめに

「なぜ占いを始めたの？」と聞かれると、
「性格を分析することが得意だから占い師は向いているね」と言われたことを思い出します。自分では無意識だったのですが、いつも周りの人のことを分析して話していたそうです。それが褒め言葉だったのか嫌みだったのか分かりませんが……（笑）。
そのころ、人を見るとき、どうしても人の鼻ばかりに目が行っていました。おそらく、鼻を見て自分の中で勝手に「この人はこういう人だ」などとタイプ分けしていたのだと思います。

顔を見るだけで分かる人相術は、私も普段から活用しているのですが、相性がよくない人とは、さりげなく距離をおいていきますし、逆に相性がいい人のことを勝手に好きになってしまい、一人でドキドキしてしまうこともあります。

一応、仕事に支障が出ないように努めていますが……（笑）。

とはいえ、仕事では「この人、こんなこと言ってるけど、本音はこう思っているんだろう」と、顔相から心を読み、うまく活用しています。

「あの人はこういう性格なんじゃないかな？」

皆さんも人相術ができたら、その人の顔の特徴から戦略を立てるようになると思います。例えば、好きになった人が、口角が下がっているのが特徴だとしたら、その人は慎重派なのでノリの良さだけでは深い関係になることはできません。表面的な付き合いを好む人ではないので誘っても断られてしまう可能性があります。だから、きちんとした態度で接するほうがよさそう、などと分析できます。これを知っているのと知らないのとでは、全然違ってくると思います。恋愛はもちろん職場での対応やアプローチの仕方でも、他の人より優位にことを運べるようになるでしょう。

「恋愛相手と結婚相手に対して求める顔が違う!?」

恋愛相手に対して、自分の顔のパーツと真逆のパーツを求める人がたくさんいます。例えば、濃い顔の人は薄い顔の人を求め、薄い顔の人は、逆に濃い顔の人を求めます。細かく言うと、二重の人は一重の人を意識し、一重の人は二重の人が気になります。自分にないものを求める心の葛藤が表れているのでしょう。

ただ、結婚相手に求めているのは安定です。その人の顔を見て落ち着きたいと思っているので、顔の形、輪郭、パーツの大きさなどは違えど、目の形、鼻の形、口の形、耳の形などパーツごとに自分に似通った人を選びがちです。結婚したい人は自分と同じ顔のパーツの人を探しましょう。婚活パーティー、合コンなどで、ぜひ生かしていただけたらと思います。恋はドキドキを求めるので、安定と逆の違った顔のパーツの人を求めることが多いのでしょう。それが恋ですよね。

その他、自分の好みの顔のタイプだけど恋がうまくいかない、とか、相手の行動が全く理解できない、などの悩みの解決にも活用していただけたらと思っています。また、どうしても自分の好みのタイプの人と出会えないという人には、開運法を紹介しています。実は、顔の系統によって出会える顔のタイプも決まっています。

顔つきが変わると出会える人も変わってきますが、これは意識して表情や言動を変えることによって起こる変化です。また、メイクの仕方で表情や印象を変えることによっても引き寄せる人を変えていくことができます。

この本を読んで人相術をマスターしていただき、自分にとって相性のよい人をどんどん見つけて自分に引き寄せられるようになってもらえたら人間関係がスムーズになると思います。そうすれば、日々の生活の中での悩みを減らすこともできるはずです。本書がその一助となり、あなたに幸運が舞い込むよう心から願っています。

庚子（令和二年）

Love Me Do

1秒で分かる！人相術

合コン、お見合い、面接など第一印象で相手の性格や本性が知りたいときってありますよね。ここでは、パッと見てその人がどんなタイプなのかが分かるように、パーツごとの性格を書いています。あまり深く考え込まずにパッと見た印象で判断して構いません。

眉毛が短い

行動力がある
直感タイプ

眉毛が長い

慎重に行動して
考えすぎるタイプ

眉毛が薄い

臨機応変に
行動できる人

眉毛が濃い

一つのやり方に
こだわりがち

目が大きい

意思表示が
はっきりできる人

おでこが狭い

本能のままに生きる
攻撃型タイプ

目が細い

客観的な判断ができる
冷静なタイプ

おでこを出している

ポジティブ思考で
自由さを求める人

おでこが広い

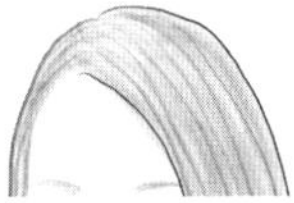

協調性を持つ
意識がある人

おでこを少し
出している

相手をうかがいながらの
駆け引きが得意

おでこを隠す

内向的で熱い
気持ちを隠す人

前髪のすきまから
おでこが見える

相手の顔色を
気にしがちな人

鼻が小さい

自信がなく
目立ちたくない人

鼻が大きい

自信があり存在感を
アピールする人

鼻の肉づきがよい

人に愛されるよう
努力する人

口が大きい

見栄を張りすぎる
傾向がある人

鼻の肉づきが薄い

自分の世界を
大切にする人

唇が厚い

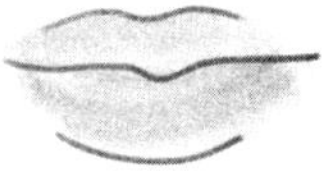

情に厚く、情に
流されやすい人

口が小さい

謙虚すぎて自分を
アピールしない人

唇が薄い

クールで
冷静なタイプ

法令線が目立つ

自己犠牲の精神で
人のために尽くす人

法令線が薄い

自分のやりたい
ことを優先する人

丸顔

気持ちが顔に出て分かりやすい人

顔が縦長

本音や感情を表に見せない人

髪の毛で耳が見えない

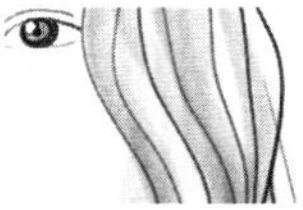

すべてをさらけ出さない秘密主義

耳が全部見えている

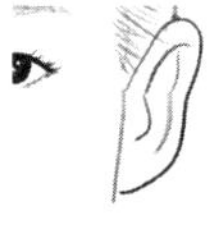

自分をアピールしたいタイプ

耳が髪の毛で少し隠れている

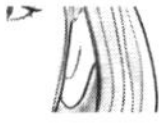

現実的。才能を生かして成功する人

CONTENTS

※例にあげた有名人は、あくまで私と編集部の主観です。

有名人の顔、見ちゃいました！

人相術といっても、具体的にどうやって人相を見るのか分かりにくいと思いますので、ここでは芸能人の顔を例に出して解説していきます。

山里亮太

細い目の人は、冷静に物事を判断します。分析能力が高く、しっかりと計算し、戦略を立てて行動します。きっとそれを芸に生かして成功しているのだと思います。三白眼は障害があればあるほど燃えるタイプなので、その性質をうまく使うことができ、大きな仕事も幸せな結婚もゲットしているのでしょう。

デヴィ夫人

眉と目の間の距離が狭いと人を信じやすく、信じすぎて裏切られたりする可能性もある。

おでこが広い人は社会的に注目される運命。自分の意見を大切にする人。

鼻筋がきれいに通っている人は芯がしっかりしていて、我が道を進む人。

鼻の穴が正面から見える人は社交的で、人とのつながりによってお金を稼ぐ。

出世運と社交運を表すおでこが広いので、社会的に一目置かれる存在になります。元々、耳たぶが厚い方ですが、いつもイヤリングをつけていてさらに耳たぶが大きく見えるという福耳効果もあり、完全なるお金持ちの相。眉と目の間が狭い人は、人を信じると身内のようにすべてを受け入れる傾向にあります。裏切られないように気をつけて。

小泉進次郎

涙袋（目の下のたるみ）が大きいほど、性的エネルギーが高くモテる傾向に。

目尻に下向きに流れるシワがあると、何かを教えたり導く職業の相。

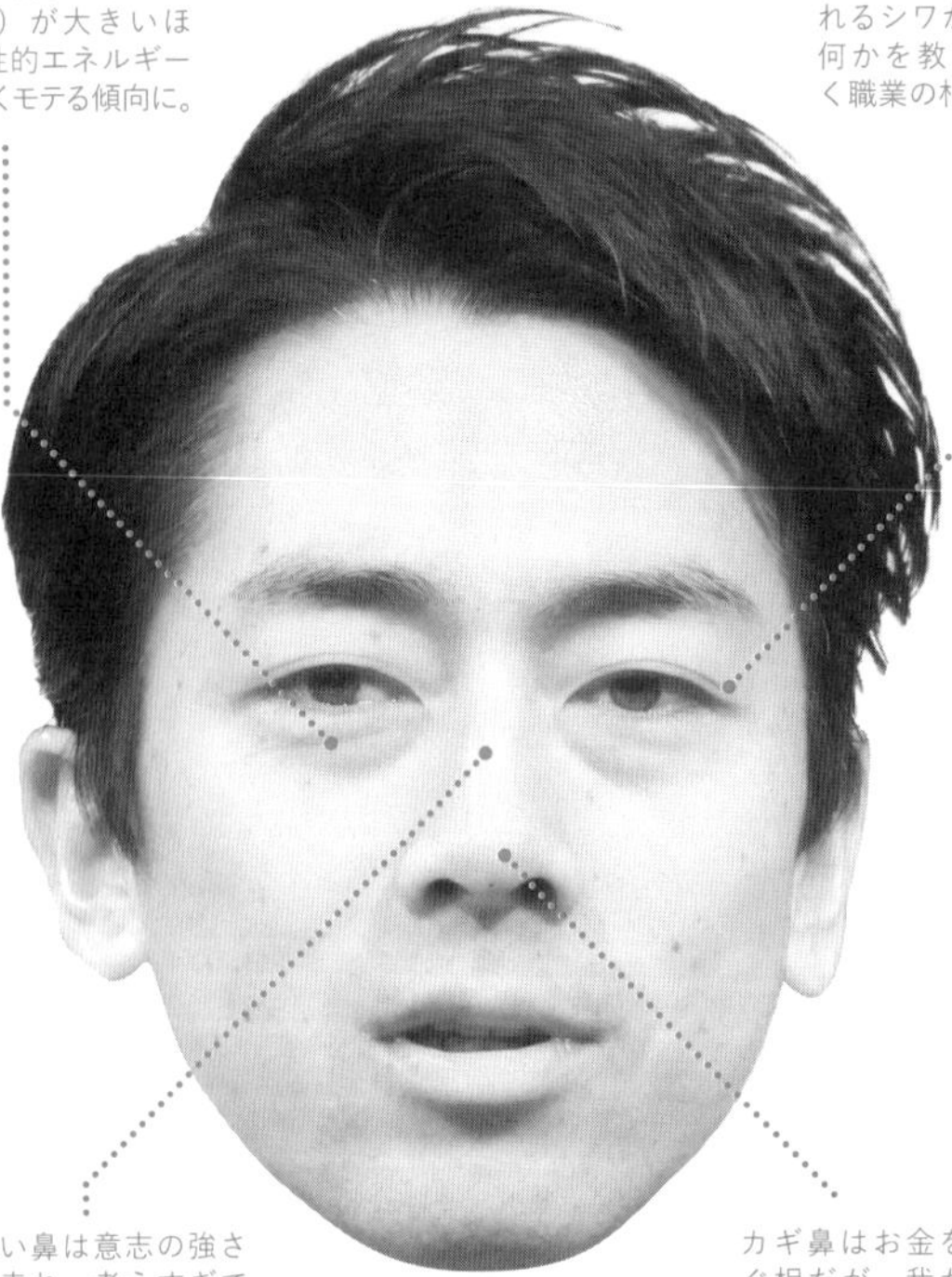

長い鼻は意志の強さの表れ。考えすぎて判断が遅くなる面も持ち合わせる。

カギ鼻はお金を稼ぐ相だが、我が強くなり、自分のスタイルにこだわる。

目尻の下向きに流れているシワはティーチャーズラインといって、何かを教えたり指導したりする職業に多い相。党内の文句や批判は賛同されやすくなる傾向に。まっすぐな鼻は、何にでも正直にぶつかっていく性格を表していますが、反対意見には弱い面も。三白眼は本能のままに生きる傾向が強いので、恋愛トラブルを抱えてしまいがち。

今井絵理子

顔が極端に細いと、
恋愛体質になる。
恋人をとても大切
にし、愛が中心の
人生に。

涙袋がふくらんで
いる人は性的エネ
ルギーが旺盛で異
性から好かれる。

あごが細いと安定した
生活とは縁が薄くなり、
波瀾万丈の人生になる。

大きい口は政治家向き。
発言力とリーダーシップ
を発揮して表舞台で活躍。

女優さんに多いのですが、顔が細長いと愛に生きる人生になります。あごが細いと、落ち着いた生活より刺激的な生活を好みます。前に出たあごはカリスマ性を表すので、アイドルから議員へと華麗なる転身ができたのでは。口が大きいと発言力があり、表舞台で活躍できる傾向にあります。この能力を生かせば議員としても大成するでしょう。

蓮舫

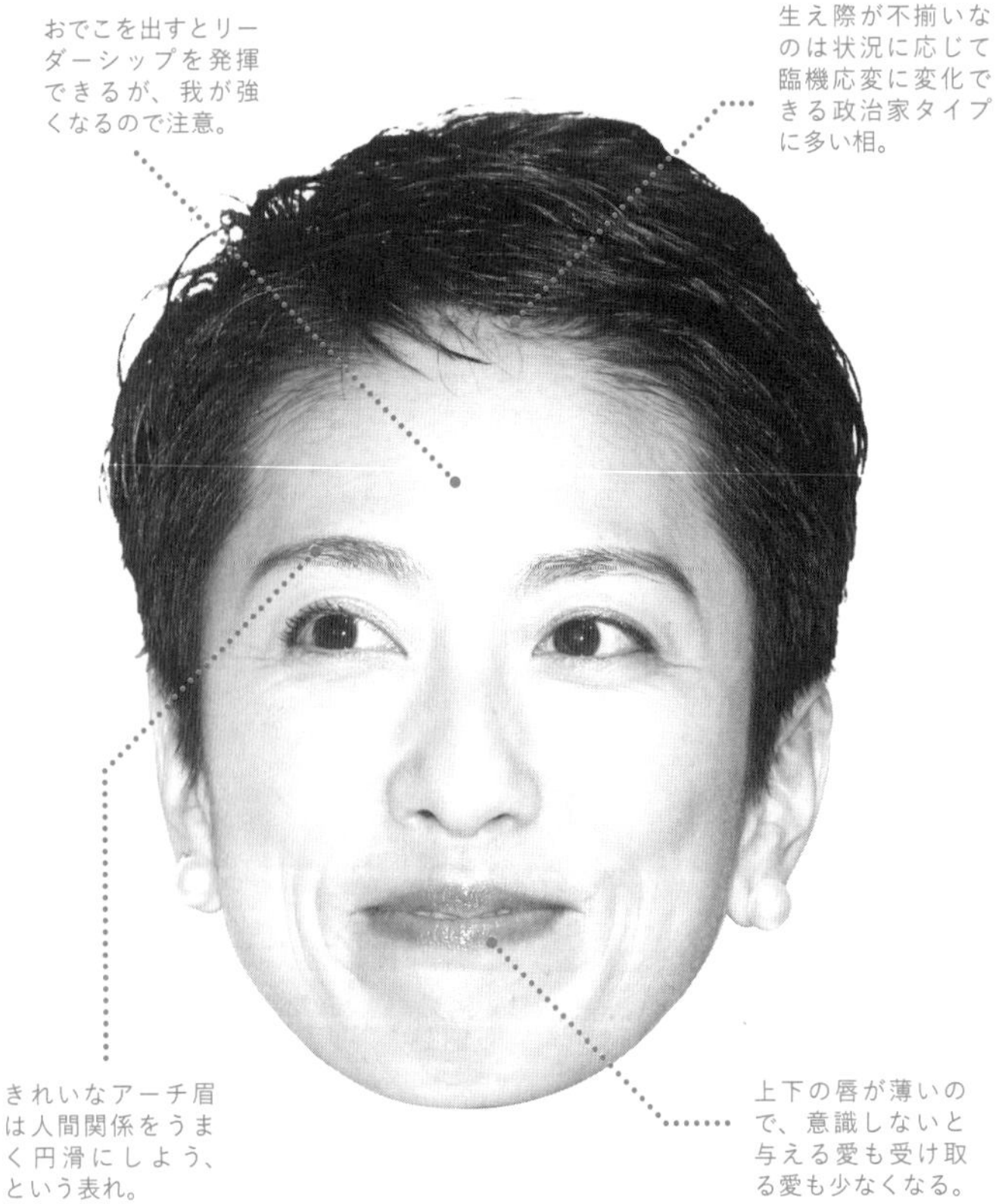

広いおでこは仕事運良好の印。アーチ眉で人との関係もうまくいきます。ただ、唇が薄いと、本人が思うほど愛情が伝わらないことがあるので、政治的問題で有権者との食い違いが出る可能性があります。生え際が不揃いだと上昇志向があり、転職を繰り返して出世するような生き方が適しています。安定した生活は苦手です。

森喜朗

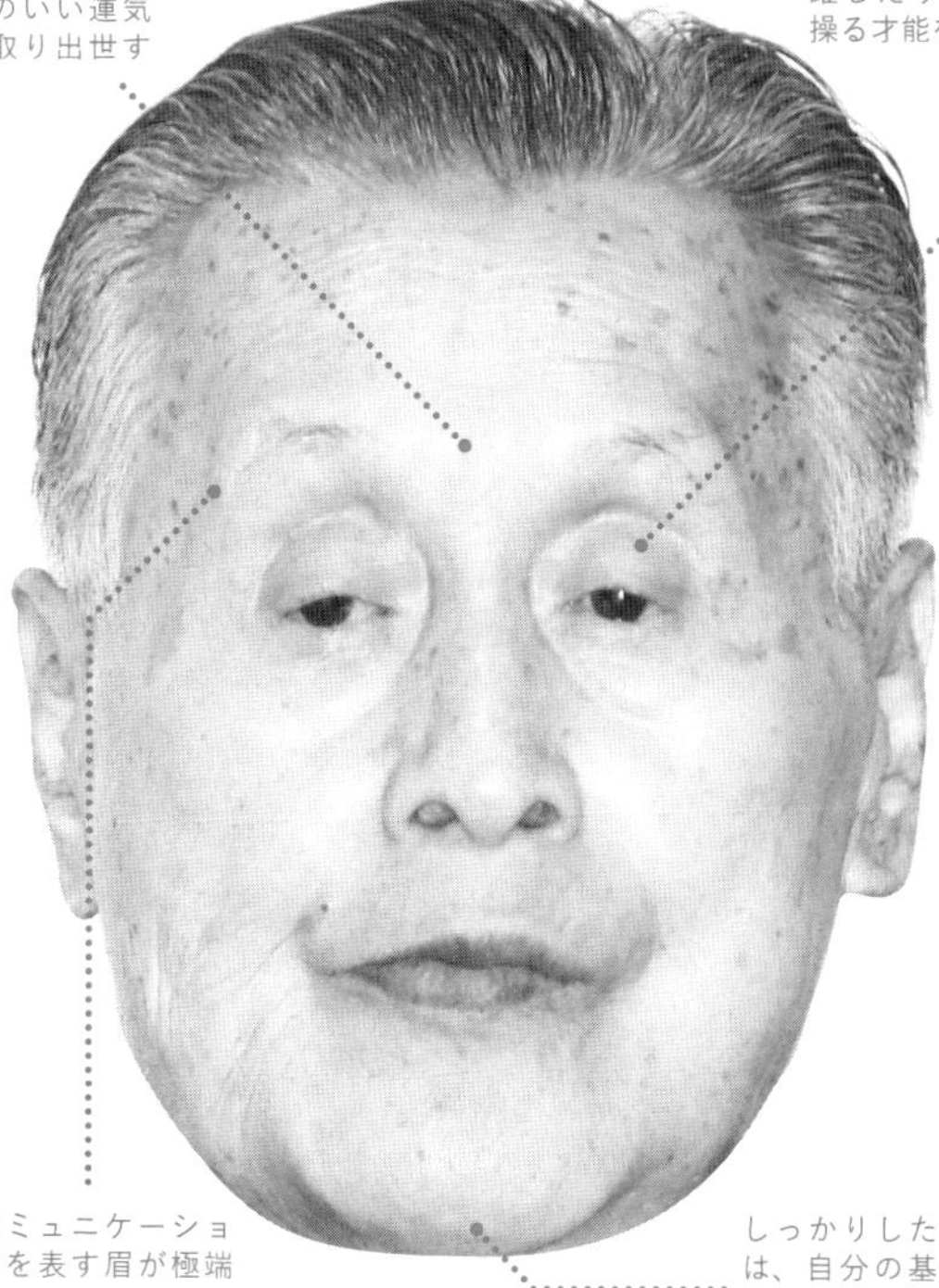

眉間が広いので、いい運気がたくさん入り、出世しやすくなります。眉が短い人は瞬発力や直感で動いているので、考え方がコロコロ変わりがち。顔のパーツが中央に寄っている人は、グループの中心的存在になる傾向にありますが、そもそも自分を中心にしたり、自分が過ごしやすい環境に作り変えるのが得意。発言でも注目を集めます。

アインシュタイン

極端に短い眉は、特殊な考え方や瞬間的なひらめきができる天才肌の素質がある。

おでこのシワは神さまから与えられたチャンスの数。異次元にアクセスできる才能がある。

発達した鼻の頭は自分の世界、発想力で成功し、地位を築く。

長い舌は性的エネルギーが旺盛。浮気性の節もある。

写真提供：UPI＝共同

どのパーツもレアな相。チャンスを表すおでこのシワがこんなに深く長い人も珍しいし、運気を取り入れる眉間もかなりの広さがあります。自分自身を表す鼻の頭の大きさも立派で、天才とはこういうものなのかと実感します。象徴的な長い舌は性的エネルギーの証。その活力が発想力となり、世に名を残したのではないでしょうか。

1章

顔には9人の神さまがいる

神さまはすべての人の顔に宿っています。目、眉、鼻、口、法令線、おでこ、あご、ほお、耳、にそれぞれ一人ずつ神さまがいます。その神さまが弱っているか、イキイキとして力を発揮しているかによって、人の運命が変わってきます。例えば、目に宿る意思の神さまがイキイキとして元気ならば、自分の意思を強く発揮できたり、人に何かを伝えるエネルギーが高まります。私たちは、初めて会った人とコミュニケーションを取る前に、無意識の状態でその人を好きか嫌いかを判断しています。実は、顔にいる神さま同士が、お互いに相性がいいのか悪いのかを判断しているのです。つまり、第一印象は、お互いの神さま同士が決めているのです。「そっちの神さまとなら仲よくできるよ」とか、「あっちの神さまは難しいな」など、神さま同士が探り合っています。神さま同士が話し合うとき、イキイキとしている神さまでないとうまくいかないことがあります。恋愛の神さまの力が強い男性と、運の神さまが弱っていて判断力が鈍くなっている女性が出会ってしまうと、女性が言いくるめられてしまうことになります。さらに、眉を細くしすぎていて、コミュニケーションの神さまの力が発揮できなかったら、その男性から逃れられない運命になるかもしれません。これを避けるためには顔に宿る9人の神さまの力のバランスをよくさせたり、強化させたい部分を強めていくことが重要です。例えば運の神さまを強くしたければ、おでこを出してアピールしたり、おでこを出していた人は逆に隠したり。意志を強くしたければ、カラーコンタクトを入れたり、メガネをかけたりするといいでしょう。ヘアメイクを工夫するなど、いいアクションを起こせば、神さまが動き始めます。

自分の顔を写メで撮って、客観的に各パーツのチェックをすることも大切です。疲れた顔をしていると、神さまも弱って顔から落ちてしまいます。神さまが顔から落ちないように笑顔をキープしましょう。でも、無理に笑わせてもらうのではなく、思い切って休暇を取ってリフレッシュしたり、自分自身が楽しむことをして心からの笑顔になると、神さまが喜んでくれて運を高めることができます。血行をよくするマッサージをしたり、美容院やネイルサロンに行ってきれいになったり、ペットに癒されたり、ヨガをやって心身ともにリラックスしたり。スマホやパソコンなどを使わずに、ぼーっとして何も考えずに過ごす、デジタルデトックスもおすすめです。

9人の神さま

顔には9人の神さまが宿っています。
それぞれの神さまの特徴を把握して、開運に役立ててください。

鼻

3. お金の神さま

大らかでエネルギッシュな神さま。鼻が詰まっているとお金も詰まってしまい、金運が下がります。鼻にまつわる病気は早く治しましょう。鼻毛などが出ている場合もきちんと処理しておくこと。

目

1. 意思の神さま

喜怒哀楽が激しいけれど、強い意思と前向きな考えを持っている神さま。好奇心旺盛で、美しいものを見ると喜んでくれるので、美術館を訪れたりするとよいでしょう。汚いものはなるべく見ないように。

口

4. 恋愛の神さま

元気でセクシーな神さまは、調子に乗ってはしゃぎすぎることもありますが、なぜか憎めない愛されキャラ。きれいな言葉を使うとご機嫌がよくなります。逆に品のない言葉や悪口は嫌いなので、慎みましょう。

眉

2. 出会いの神さま

人間関係を大切にする気配り上手な神さま。こまめに連絡を取ったり、礼儀正しいメールのやり取りをすると、大切な人との絆を作ってくれます。眉メイクで自由自在に運気を操るパワーも授けてくれます。

おでこ

6. 運の神さま

9人の神さまのなかでも、キーマンとなる存在。いつも凛としていて、特にここぞというときの勝負強さがあり、みんなからの信頼が厚い神さまです。おでこにほどよいツヤがあると気持ちよく働いてくれます。

法令線

5. 仕事の神さま

仕事大好き、真面目で責任感旺盛な働きマンの神さま。口角を上げて笑顔をキープしたり、法令線を広げるようにリフトアップマッサージをして神さまの居心地をよくして仕事運をアップさせましょう。

あご

7. 人生の神さま

どんなときも冷静で頼もしい姉御肌の神さま。自分の特性を考えて真面目に生活していると、そんな健気なあなたを見て優しくサポートしてくれます。考えるときはあごに手を当てるといいアイデアをくれます。

耳

9. ニュースの神さま

抜群のセンスと豊富な情報量を持ちご意見番として活躍する神さま。いつもアンテナを張り巡らせていてお疲れぎみなので、リラックスさせてあげるために、時々耳を閉じて瞑想することをおすすめします。

ほお

8. スターの神さま

元気で明るい幸せオーラいっぱいの神さま。ほおを動かすと喜んでくれるので、あなたも神さまと一緒によく笑って楽しく過ごすことがハッピーへの近道です！　ネガティブになったら運がガタ落ちになります。

意思も強く、気も強い、スーパーウーマン

「目」に宿る意思の神さま

目に宿る意思の神さまは、その名のとおり、意思が強くポジティブな神さま。顔の中で一番目立ち、第一印象を左右するパーツです。喜怒哀楽の感情が出やすく、目の表情により運気を大きく左右しますので、人と接するときは意識しましょう。写真撮影のときは目に力を入れると運気がアップし、注目を集めます。インスタグラムで自分の写真をアップするときに試してみるといいでしょう。意思の神さまは、好奇心が旺盛なので、美しいものをたくさん見るようにすると喜びます。例えば、美術館や美しい景色、夜空の星、イケメンなどを見ることで目の保養となり、運気がアップします。逆に、汚いものを見ることを嫌うので、お部屋は常に清潔にし、お花など目で見て喜ぶアイテムを一つでも飾るとよいでしょう。また、神さまは乾燥に弱いため、ドライアイの人はまめに目薬をさしたり、花粉症の人はメガネをかけるなどして保護してあげること。目にゴミが入ると、物事になんらかの邪魔が入る可能性があるので、

メガネやサングラスは常に携帯しておくと安心です。また、目尻のシワなど、コンプレックスに感じている部分をメガネで隠すと神さまが安心して、穏やかな状態になってくれます。メガネはいろいろな意味でラッキーアイテムと言えますので、一つは持っておくことをおすすめします。また、現代社会では長時間のスマホ操作や寝不足など、目を酷使する機会が多く、神さまが慢性的に弱っているので、パソコン用メガネをかけたり、ホットアイマスクで休めてあげることが大事です。自分が起きている間、目の神さまはずっと気を張っているので、他の神さまよりも過酷な毎日を過ごしています。時々マッサージなどを行ってケアしてあげることで飛躍的に運気が上昇するでしょう。瞑想も非常に効果的ですが、目を閉じることで、さらに周囲の気の流れを感じ取ることができ、神眼が授けられるという嬉しいメリットもあります。ただ、意思の神さまは気が強いので、相性が悪い神さま同士が喧嘩《けんか》することがあります。二重同士や一重同士などのときは、お互いの目を見つめすぎないように気をつけて。一重と二重の場合は、相性がいいので、にこやかに見つめると運気が上がります。面接では面接官の目を見て話すと意思の神さま同士が戦って喧嘩になってしまうので、あえて相手の目を見ないほうがよかったりもします。見つめ合うのは恋人同士だけでいいのかも。

人と人とをつなげるコミュニケーションの達人

「眉」に宿る出会いの神さま

眉に宿る神さまは、気遣いができ、コミュニケーション能力が高く、人と人とをつなげて絆を作っていくのが得意で、人間関係を大切にします。こまめに連絡を取ったり、礼儀正しいメールや手紙のやり取りをすると神さまが褒めてくれます。

眉は、形や長さによって、顔の印象を大きく変えることができます。眉は顔の中で一番形を変えやすいので、ＴＰＯに合わせて描き替えれば、自由自在に運を操ることができます。足りない部分を描き足したり、余計な部分をカットしたりと努力でいくらでも変えられるパーツです。メイクの中でも、眉は最も力を入れるべき場所と言えるでしょう。眉の描き方はしばしば雑誌などで特集されるほど永遠のテーマとなっているのもうなずけます。生まれついての眉の形は、その人の運命を表しているので、抜いてしまうと神さまがびっくりして運気がダウンしてしまいます。絶対にやめましょう。だからといって、ゲジゲジ眉もよくないので少しは整えて。ブラシでとかして毛流れを整えるだけでも、よい運が流れ込んできます。抜いたり変ないじり方をすると、人に会う余裕がなくなったり、相手を不快な気持ちにさせるようなメールを送ってしまったりするので注意してください。ゆったりしたアーチ形の眉が理想とされているので、最近ツイてないなと思う人は、気持ちを落ち着けてゆるやかなカーブを描いてみましょう。急《せ》いた気持ちが嘘のようになくなって運気を回復させることができます。左右アンバランスな眉も神さまの気持ちを不安定にさせてしまうので、できるだけ左右対称になるよう整えましょう。

ファミリーを愛する気質の欧米人は眉と目が近い相ですが、あえて、眉の下側をカットすると、今所属しているグループから離れることができます。それを利用して、上京するときや海外留学をしたいときなど、思い切った行動を取りたいときにはおすすめです。また、眉の上をカットすると、広く浅い関係になっていくので、異業種交流会などで、とりあえず知り合いを増やしたいときなどに試してみましょう。このように、眉の上下のバランスを上手に自分で調節できるようになると、神さまを味方につけたも同然です。ここぞというときは、眉メイクを活用し、出会い運、コミュニケーション運を高め、幸運を引き寄せましょう。

豪快でバイタリティあふれる自信家

「鼻」に宿るお金の神さま

鼻に宿るお金の神さまは、豪快でサバサバしており、細かいことは気にしない性格。自信家で、自分が決めたことは徹底的にやります。お金を貯《た》めることも得意ですが、金遣いも荒い性格です。

鼻は、元々、自分自身を表す部位で、「私」というときに自然と鼻を指してしまうのは、潜在的に鼻を自分自身と感じているからです。鼻が大きいと、自分に自信があり自己顕示欲が強い性格になります。また、神さまがどんどん金運を投げ込みやすく、大きな財産を築くことができます。鼻が小さい人は神さまからの金運を受け取りにくく、人生設計が甘いとシビアな生活になりがちです。ただ、そういう人は、鼻の大きい人とパートナーになりやすく、うまくコントロールして稼ぐ力を神さまが授けてくれていますのでご安心を。実は、鼻が大きい人同士は争うことが多いので、鼻が大きい人にとっても、鼻が小さい人と組むほうが相手のためにがんばりたいという気持ちが湧き起こって、金運がよりアップしやすいのです。

お金の神さまに愛されるためには、いくつかコツがあります。まず、鼻毛などが出ている場合はカットすること。神さまが宿る場所が汚いままだと、家がごちゃついているのと同じように、余計なものを買ったりして無駄な出費をしてしまいます。小鼻のまわりが汚れているときも、パックなどできれいにしましょう。ただ、やりすぎると神さまにダメージを与えてしまい、散財してしまいます。鼻風邪を引いて鼻をこすりすぎても同様に金運が下がります。鼻にまつわる病気は早めに治療し、ケアを怠らないようにしてください。同じく鼻詰まりも早めに解消しましょう。そのまま放っておくとお金が詰まって回らなくなり、金運が下がっていきます。お金は使って世の中で回って意味があるものです。貯金ばかりしていても金運は上がりません。

また、鼻は嗅覚を司《つかさど》る部位なので、鼻が利くほうが、神さまがお金のニオイに敏感になり、金運も上がっていきます。よい香りをかぐと神さまがリラックスでき、より嗅覚が鋭敏になります。アロマなどを活用して嗅覚を鍛えてください。神さまの気分も上がり、気持ちよくお金を授けてくれます。

愛を振りまくキャピキャピガール

「口」に宿る恋愛の神さま

口に宿る恋愛の神さまは、愛にあふれるセクシーな女の子。調子に乗りすぎてしまうこともありますが、なぜか憎めない性格です。口は食べ物を取り込む部位で、言葉を発するところでもあるので、愛にあふれる言葉を口にすると運気が上がり、逆に乱暴な言葉や人の悪口を言うと運気がダウンします。恋愛の神さまは品がいいので、下品な言葉や人をさげすむような言葉を使うと機嫌を損ねてそっぽを向いてしまいますし、お世辞ばかり言うのも、不誠実ととられて怒らせてしまいます。

また、口は粘膜の一つで、性欲を表します。鼻は男性器、口は女性器と言われるゆえんです。神さまは唇の乾燥を嫌うので、リップなどでしっかり保湿してあげてください。愛の力を存分に発揮できます。口角を下げると運が下がるので、いつも意識してキュッと上げておきましょう。自然と異性からモテるようになります。口をぽかんと開けていると、無防備すぎて悪い運とともに悪い異性も呼び込んでしまうので、口元はキュッと引き締めて、中にいる神さまを守りましょう。また、唇をかんだりなめたりすると下品に見え、これも悪い異性を呼び寄せてしまうので要注意です。神さまはきれいな場所が好きです。口の中は神さまにとって家の中のようなものなので、できるだけきれいに保っておくと、神さまから感謝されます。神さまはおしゃれが好きなので、さまざまな色の口紅をつけると楽しんでくれますが、一番のお気に入りはローズです。ここぞというときにはローズのリップで勝負してみて。

恋愛においては、理性より本能が先立ってしまいがちですが、ちょうどいいバランスを取るのが大切です。本能が強すぎると相手に引かれることがあり、理性が強すぎると計算高くなって嫌な女だと思われます。恋愛の神さまはキャピキャピと元気なので、力を抑えすぎるとストレスを溜めてしまうため、うまく発散させながら理性と本能のバランスを取っていきましょう。追う恋愛ばかりの人は、一旦立ち止まって、真実の愛とは何か考えてみてください。神さまがヒントをくれます。自分から愛情を表現するのが苦手な人は、グロスを塗って光らせ、ハンター気質を高めてみるのがおすすめ。神さまがあなたの背中を後押ししてくれるでしょう。

楽しく仕事をバリバリこなすキャリアウーマン

「法令線」に宿る仕事の神さま

法令線に宿る仕事の神さまは、まさに仕事に生きるキャリアウーマン。責任感が強く、ストイック。頑張りすぎて疲れてしまうこともあります。

法令線は、女性にとっては嬉しいものではないですが、濃さや長さ、角度によって仕事運が分かるので、じっくり観察してみてください。法令線が濃いと仕事に生きる人生を選ぶのがおすすめです。部下や上司に恵まれたり、事業が成功します。もし、今、仕事がうまくいっていなくても、努力をすれば必ずうまく回るようになります。法令線が薄いなら、仕事以外の楽しみを見つけるか、趣味を仕事にするとうまくいくでしょう。

仕事の神さまは、頑張りすぎてワーカホリックぎみなので、上手に息抜きさせてあげることで、仕事運もアップします。無理して体調を崩しやすいので、健康面をケアし、食事に気をつけたりサプリを摂《と》ったりすると、神さまが元気に仕事に集中できま

す。法令線が長いと、健康で長生きの印です。衣食住にも困らないよい相です。

法令線が裾広がりになっていると仕事で強運を発揮するので、口角を上げて法令線を広げておきましょう。大変なときにも笑顔でいることで、仕事の神さまがよい仕事仲間と縁を作ってくれます。険しい顔でへの字口で仕事をしていると、神さまからも同僚からも愛されません。また、まじめすぎると仕事の神さまが逃げてしまうので、楽しんで仕事をすることが必要です。時々マッサージをしてリフトアップのついでに法令線も広げてみてください。神経質すぎる人も法令線が濃くなるので、あまり細かいことは気にせず、楽しんで仕事をするように心がけてみましょう。忙しいと、あれもこれもとモノを溜めがちなので、デスクまわりをすっきりさせると仕事の整理もでき、作業が効率よく進みます。余計なものを捨てると心労も減るので、法令線が薄くなることがあります。濃すぎて気になる人は試してみてください。

神さまは、日々の生活や心がけによって法令線を変化させるので、まめにチェックして自分自身を振り返ってみましょう。法令線が黄金に輝くなど、仕事運がアップするラッキーサインが見つかるかもしれません。

勝負強さは天下一品！　神さまの中の神さま！

「おでこ」に宿る運の神さま

おでこに宿る運の神さまは、いつも凛《りん》としていて、やるときはやるタイプ。タイミングを逃さず、巡ってきたチャンスをつかむ勝負強さがあります。おでこは運が入ってくるところなので、ゼウス神のように神さまの中でもキーマンとなる存在です。

運はおでこにかかっているといっても過言ではありません。おでこは才能や性質、頭のよさを表します。広いと生まれながらに運の神さまからたくさんの恩恵を受け取ることができるので、知性も授けられ、周囲から尊敬されるでしょう。逆に狭いと、天の運気に近いことを表しているので天性の才能を神さまからいただいていることを表しており、直感で動いた方が成功することを意味しています。アスリートや格闘家でおでこが狭い人が多いのは瞬間的な判断力が高いためなのです。

出世して頭がハゲている人が多いのは、経験を積んで知性が高まり、神さまからの知性の運気をたくさん手に入れることができているからです。特に仕事運が強くなり、エネルギッシュになります。時の運、巡り合わせなどもよくなっていきます。もし、現在、前髪があって運が悪い状況なら、おでこを出してみましょう。運の神さまの力で、目上の人や権力を持っている人に認められるかもしれません。また、もし、おでこを出していて運が悪い状況なら、前髪を作ってみてください。エネルギーが強すぎて、運の神さまが嫌がっている可能性もあります。ニキビがある場合、スムーズに運を受け取りづらくなるので、コンシーラーなどで隠してください。また、おでこにほどよいツヤがあると神さまの気分がよくなり、乾燥してカサカサだと居心地が悪くて調子が悪くなるので、きちんと保湿しましょう。

おでこのシワは、今までの人生の集大成です。嫌がらず受け入れましょう。特に横ジワがあると、そのときの自分に必要な運をふるいにかけてくれ、効果的に受け取ることができます。おでこの上中下にある3本のシワは神さまが管理しています。上のシワが濃いと強運を授けられます。真ん中のシワが濃いと、自力で道を切り開ける力を授けられます。下のシワが濃いと、幸福な家庭を授けられます。細かいシワがあると運がバラバラになって受け取りにくく、幸運から遠ざかります。ストレスを溜めやすくなってしまうので、上手に発散するような方法を見つけましょう。

自分の運命を冷静に見つめる大人な性格

「あご」に宿る人生の神さま

あごに宿る人生の神さまは、どんなときも冷静で、どんと構えている姉御肌の神さま。あごは簡単に形を変えられない部分なので、自分の運命に抗《あらが》うことなく、現在の状況を受け入れないといけないことを意味しています。今、置かれている環境で、周りの人とどううまく接し、自力で問題を解決する力があるかも表します。どう努力すれば成功するか、また、生まれ育った環境、家系、家族の意味も表しています。女性にありがちですが、二重あごの人がダイエットをして細いあごにすると、運命が大きく変わっていきます。環境にも変化が出るでしょう。顔がシャープになり、美しくなって結婚につながる可能性もありますが、二重あごは金運も子供運にも恵まれ、非常によい相です。無理にダイエットをしてアゴをシャープにせずとも自信を持って生きていきましょう。逆にあごが細い人は人の意見に振り回されがちです。大きく口を開けてはっきりと意見を言うことで、あごが強くなり、自信もついていくでしょう。

エラが張っている人は、リーダーシップに優れ、皆を引っ張っていくタイプですが、我が強くなりすぎて敬遠されることもあるので注意して下さい。歯を食いしばって頑張りすぎることが多いので、少し緩めてにこやかにすることで周囲に親しまれ、運が開けていきます。このように、それぞれのあごによって努力する方向が異なってくるので、自分はどのタイプか、冷静に分析することが神さまに認められるポイントです。

あごは顔の下部分にあり、晩年の運を表すので、長い目で自分の人生を見つめ、考えて生きていくことで、将来の運が開けてきます。慌てずじっくり人生設計していきましょう。また、いざというときの本性が分かるのがあご。四角いあごの人は困難に直面しても持ち前の闘争心で乗り越えていくことができ、とがったあごの人は変化に強いので、争うのではなく上手くかわすことで状況をよくしていけます。それぞれの個性をしっかり理解して、人生の岐路と思われるときには特に注意して冷静に行動しましょう。あごは現実を表す部分でもあるので、環境によって運気が変わっていくことも表します。開運ポイントとして、考えごとをするときにあごに手をやると神さまが力を貸してくれます。男性はひげを伸ばすと運気がアップするでしょう。逆にひげを伸ばしていてうまくいっていない人は、ひげを剃《そ》ると物事が上手くいきます。

楽しく遊ぶのが大好きなみんなの人気者

「ほお」に宿るスターの神さま

ほおに宿るスターの神さまは、とにかく楽しいことが大好き！　社交的でみんなから愛されて幸せオーラいっぱいです。元気で明るい神さまなので、ほおを動かすと神さまのエネルギーがアップして開運します。普段からほおを上げるようによく笑い、楽しく過ごすことが大切です。ネガティブになると神さまのテンションが下がって、それとともに運気もグンと下がってしまうので、上手に気持ちをコントロールしましょう。ほおは上に上がってぷっくりと膨らんでいると神さまが元気になり、逆にほおがこけてげっそりしていたら神さまが弱ってしまっている証拠。ゆっくり休んで英気を養ってください。

ほおは世間を表すので、ほおにほくろがあると自然に人前に出ていく運命にあります。まさにスターの相です。人前に出るのが苦手という人も恥ずかしがらず前に出て、自分を中心に据えてみてください。自然といろいろな人が集まって、人気者になれます。また、えくぼは笑顔になると現れるもの。だからこそみんなに愛される特徴です。どんどん笑って幸せを呼び込みましょう。ただ、人気が出て天狗になったり、見栄を張るようになったりすると、神さまを怒らせてしまうことになり、悲劇の大どんでん返しが待っていますので注意しましょう。楽しいことが大好きなスターの神さまも、時々、調子に乗って失敗してしまうことがあり、そんな自分への戒めとして特に厳しくチェックしている点です。

　ほおにシミがある人は、悪運を引き寄せないようコンシーラーで隠すのがおすすめです。チークを入れると神さまが楽しい気分になって運気がアップするので、顔色が悪い人は必ず使ってください。丸くふっくら見せるように入れるのが開運のコツです。ほお骨が出ている人は前に出るエネルギーが強すぎて人当たりが強くなることがあるので、マッサージして神さまの気持ちを和らげましょう。人間関係がよくなり評判も上がります。また、神さまの居心地をよくするために、しっかり保湿をしてふっくらもちもちのほおを目指してください。触り心地のよい肌には、神さまがしっかりくっついて離れません。スキンケアはお肌だけでなく、運勢にも大きく影響してくるので、頑張ってケアしましょう。

情報や流行に敏感な、おしゃれで知的な神さま

「耳」に宿るニュースの神さま

耳に宿るニュースの神さまは、常にアンテナを張っていて、新情報をチェックすることや、流行を追うことが大好きです。センスもよく、物知りで博識なため、ご意見番として信頼されています。耳は、おもに知性を表し、そのため、耳が大きいと感受性も強く意思も強いので成功しやすく、また、エネルギーにあふれているため性欲も強くなります。耳が大きくない人でも情報運をアップするためには、美しい音楽を聴いて感性を高め、物事を判断する感覚を研ぎ澄ませることです。神さまの気分もよくなり、感度も高まるでしょう。また、耳掃除をして清潔に保つことも大切です。耳あかがたまっていると、よいニュースが入ってきづらくなり、チャンスを逃してしまいます。また、耳をきれいにすると性的な魅力もアップし、素敵な異性の情報がキャッチしやすくなります。耳たぶのマッサージをして神さまをリラックスさせてあげることでも、情報感度が上がります。

耳を大きくすることはできませんが、大きなイヤリングをして福耳のように見せ、運気をアップすることはできます。神さまも楽しい気持ちになり、最先端のニュースをキャッチしたり、得する情報を聞ける場面を作ってくれるでしょう。ただし、ピアスの穴は、現在、どうしても運が開けないので、一発逆転を狙いたいという以外は避けてください。耳には大切な運命を決めるポイントがたくさんあり、穴を開けると人生が大きく変わってしまうからです。

耳はできるだけ出したほうがニュースを集めやすいですが、逆に人の話を聞きすぎて優柔不断になってしまう人は、髪の毛で耳を隠して余計な情報をできるだけ入れない工夫をしてください。心の迷いをなくしたいときは、手で耳を前に倒し、頭にぴったりとくっつけて完全にふさぐことで、心を落ち着けることができます。まさに耳の瞑想です。電子音や言い争う声など、自分にとって不快な音も、ニュースの神さまを疲弊させ、運気を下げてしまいますので、できるだけ耳をふさいで防いでください。「耳」に宿るニュースの神さまはできるだけ心地よい言葉を聞きたいと思っていますので、恋をして「好き」「会いたい」などの言葉を言ってもらうのも効果的です。神さまがどんどんいいニュースを持ってきてくれるでしょう。

顔が変わると運勢も変わる!

みんなの心をつかんで大ブレイクしたりんごちゃんは、10年前は今より30キロも痩せていて、見た目は面長の普通の「ギャル」でした。そのころ、モノマネパブで働いていたのですが、個性を出せずに伸び悩んでいました。細長い顔でクールな印象を与えていたせいかもしれません。その後、太ったことで、愛される相の丸顔になり、テレビからのオファーが相次ぎ、大ブレイク。太ったことが功を奏した例です。マツコ・デラックスさんも、太れば太るほど仕事が増えていきました。安定した地位や生活を表すというあごの面積が大きくなっていったせいだと思われます。そして、一番変わったのが松本人志さん。デビューしてから40歳くらいまでは、顔も細く鼻もスッキリとしていて、耳も普通サイズでした。しかし40代半ばくらいから変化していき、現在、鼻は立派なにんにく鼻、眉の上が出っ張り、ほおもふっくらとし、耳も大きくなってきました。とても良い相で、見事な大仏顔になっています。元々、発言力、影響力が絶大でしたが今は更にそれに磨きがかかったことを表しているのでしょう。もし今、自分の能力を発揮できていない人も、諦めずに人相術を利用しながら頑張ってください。

2章

各パーツで分かる性格と運命

顔の各パーツを占うとき、「自分はわし鼻なのか？　カギ鼻なのか？」と迷ったときは、あなたの主観で判断して大丈夫です。両方の鑑定が当てはまる複合型の場合もありますので深く考えすぎないようにしてください。もし、望んでいない鑑定結果が出たり、顔の中で気に入らないパーツがあっても落胆せず、そのことを一旦受け止めて、改善する努力をしていきましょう。例えば、感情的になりやすい相だという結果が出たら、それを戒めにしてアンガーマネジメントをするなど日々の生活の中で意識していくことで運も改善されます。神さまもあなたが一生懸命努力している姿を見て応援してくれるでしょう。そして重要になってくるのがコミュニケーション担当の眉の神さまで、努力しているあなたを見ると、別の神さまにそれを伝えてくれて素敵な出会いを引き寄せてくれます。神さま同士が仲良くなることにも繋がっていくので、恋愛以外でも、仕事上のパートナーや友人関係など、今のあなたに必要な人を引き寄せてくれるのです。望んでいた部署への人事異動が決まったり、楽しい集まりの誘いを受けたり、人間関係がいい方向へ動き出して、日々の過ごし方が楽になっていきます。

　人と人との相性でいうと、9人の神さまのうち9人同士が仲がいいのがパーフェクトですが、そのうち6人の相性が良ければ仲良しになれます。でも、残りの3人の相性が悪いまま放置して努力せずにいると、神さま同士が喧嘩をしてバランスが崩れていきます。夫婦の場合でも、例えば相手の計画性のなさが嫌だったら、あなたが計画を立てるなどして自分自身が変わっていく努力をすると関係も改善していきます。相性の悪い神さま同士でも、自分自身を変えようと頑張り続けていれば相性が良くなっていくのです。諦めずに、前向きに生きることが大切になります。

人相を見るためには、まずは写真を撮って自分の顔を客観的に見て、どの神さまを強くしたいかを考えましょう。パーツごとの相性としては、二重同士など、互いに同じ特徴だとぶつかりあってうまくいかないことが多く見られますが、二重と一重、薄い唇と厚い唇など、真逆なタイプだと相性がよいことが多く見られます。ただ、同じ特徴を持つ者同士でも、お互いの努力によってうまくいく場合もあります。長年連れ添った夫婦が似てくるのは、お互いの歩み寄りの結果、まるでふたりがひとつの人格のようになったためなのかもしれません。

目

意思の神さまが宿るから本当の性格が見える！

白《はく》

白目。本能や肉体的部分を表す。白目が多い人は直感が鋭く本能が強い。

瞳

瞳孔。魂や生命の状態を表す。眼光の鋭さは生命力の強さ。

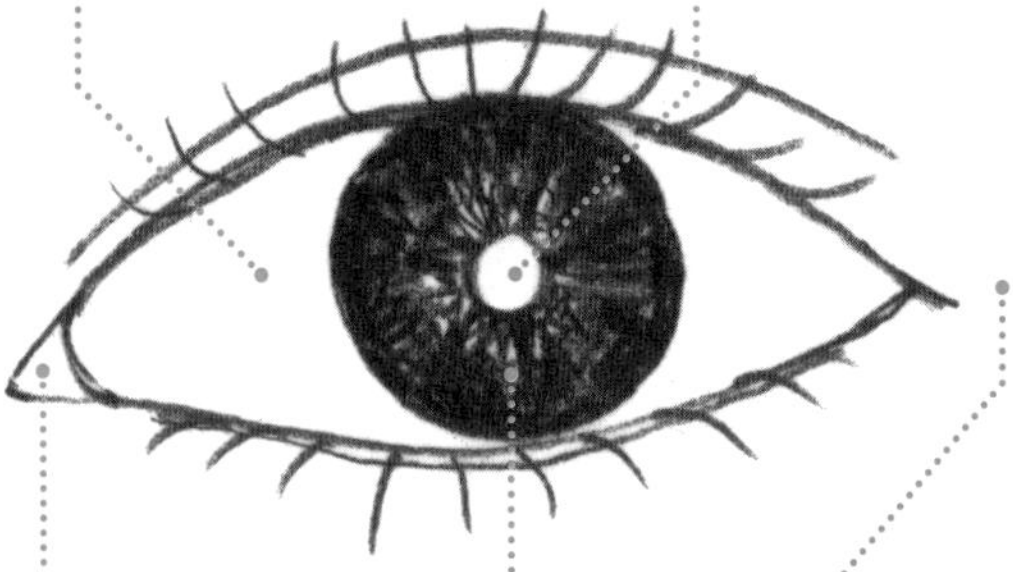

竜宮《りゆうぐう》

目頭。愛情や性を表す。目頭が切れているのは愛人の相。

魚尾《ぎよび》

目尻。恋愛運を見る。目尻のニキビはパートナーとの不仲を表す。

睛《せい》

黒目。精神面を表す。カラコンで黒目を大きく見せると心がポジティブに。

「目は口ほどに物を言う」と言われているくらい、顔の中で一番目立つパーツで、その人の意思や感情を表します。目が細い人のほうが冷静さや客観性があり、逆に目がパッチリしている人は意志が強くポジティブな傾向があります。目の相によって印象も変わってくるので、運気を上げるためには、目の相をよくすることが大切です。左右のバランスがよく、瞳や白目もきれいに潤っているのが理想。目が充血しているときは人間関係の広がりが妨げられてしまうので注意しましょう。涙袋や目の下のクマは性欲を表すので、大きく出ている人は性欲が強い傾向にあります。つり目の人は百獣の王のライオンのように、きちんと自分の意思を伝えることができるので独りでも強く生き抜いていくパワーがあります。たれ目の人はパンダのように、何も意思表示しなくても周りから愛され支えられて生きていけるようです。瞳の色は黒なら誠実に映り、茶色ならほがらかな人に思われます。恋愛をして魅力が高まっているときには、目がうるうるして潤ってきます。異性にとってとても魅力的に映るので、こまめに目薬をさすなどして、うるうる感をキープするのもいいでしょう。メイクによって目を大きく見せたり、カラーコンタクトで瞳の色を変えたりして、その日の気分や状況で、なりたい自分になってみるのも楽しいですね。

細い目

計算高くて分析好きなタイプ

客観性が高い人。冷静に物事を見ているので、すぐに行動には移さずに、様子をうかがいます。分析をして楽しんでいる人やいろんなことを計算している人が多いのも特徴。一見、クールに見えがちですが人情派も結構います。

有名人で言うと…

綾野剛

嵐が大好きで、メンバー全員の性格も熟知しているので、それぞれに対応を変えて接しているそう。王道派の分析家タイプ。

丸い目

自由奔放で無邪気な愛されキャラ

動物的な勘が働くタイプなので、ひらめきで物事をそつなくこなせる人。無邪気で嘘がないので、万人に愛されますが、特に目上の人からかわいがられます。自由奔放に生きてしまう面もあるのでマナーに気をつけるといいでしょう。

有名人で言うと…

安達祐実

天才子役から演技派女優に見事に成長。離婚や母との確執などのゴシップがあっても好感度が下がらないのは、愛嬌のあるまんまる目のおかげ？

大きい目

パワフルで自己アピール力高し

自分をアピールしていく能力が高く、それでいて純粋でピュアな面も持っています。好奇心旺盛で楽しいことが大好きなので何事にも興味を持ちますが、熱しやすく冷めやすいので忍耐強く一つのことに集中することも大事です。

有名人で言うと…

渡辺謙

アピール力を生かしてハリウッドに進出して大活躍。好奇心旺盛で、最近ではコントに初挑戦して芸人顔負けのボケを披露してみせた。

小さい目

芯が強く大いなる意思を持つ

洞察力に優れていて人の心の動きに敏感です。内面の充実を大切に思っているので派手に自分をアピールすることはしません。我慢強く忍耐力があり、一度決めたことは最後までやり通します。意志の強さは天下一品。

有名人で言うと…

神木隆之介

０歳から子役を始めて、芸歴イコール年齢というベテラン俳優。自分の道を決めたらとことんやり抜く意志の強さを持っている。

一重

頑固で辛抱強いコツコツ努力家

冷静で手堅く慎重にものごとを進めるタイプ。意志が強く、この人が一度決めたことはどんなに説得しても覆ることはほぼありません。決意をすると瞳の奥がキラリと光り、目標達成のためには辛抱強く努力を惜しまない人です。

有名人で言うと…

りょう

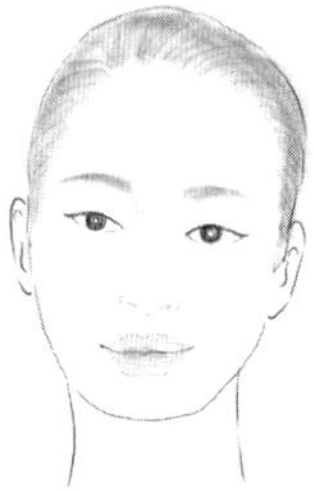

デビュー以来、コンスタントにドラマや舞台に出演しており、モデル時代に培った独特の存在感を活かして女優としても活躍している。

二重

思い立ったら即行動するタイプ

気になることがあるとすぐ行動したくなります。柔軟性があるので、説得すると素直に納得したり、臨機応変に対応できるタイプ。決断力も行動力もあるけれど、それが周りからは衝動的、と見られることもあります。

有名人で言うと…

新垣結衣

大人しそうな印象だが、ドラマ『コードブルー』の共演者たちと明るいやり取りをする行動的なガッキーが、本来の姿のよう。

奥二重

本当の自分を素直に出せない人

二重のラインが隠れている奥二重さんは、本来は明るい性格ですが、違う自分を演じてしまう傾向があります。強い意志を隠して冷静に見せていたりしますが、物事を素直に信じられない性格であるがゆえの行動です。

有名人で言うと…

綾瀬はるか

天然なイメージだが、デビュー当時、1か月でマイナス7キロのダイエットを敢行。強い意志で成功しナイスバディに。

三白眼

障害があるほど燃えるタイプ

眼の左右と、上下どちらかに白い部分が見える三白眼の人は、ハングリー精神旺盛で、自分がこうなりたい、と思ったら一直線に突き進みます。障害があればあるほど頑張れる傾向があり、自分の思いを達成する力に変わります。

有名人で言うと…

小松菜奈

雑誌モデルから女優となり、19歳でハリウッドデビュー、と意欲的に活動。超ロングヘアをショートにしてイメチェンも大胆！

四白眼

本能に忠実に生きる人

黒目の上下に白目の部分が目立つ四白眼。白目は本能を意味するので、本能のままに行動しやすい人。トラブルを起こしやすく、波のある人生を送ることが多いのですが、集中力が抜群なので職人などに向いています。

有名人で言うと…

故・ダイアナ妃

保育士時代にイギリス皇太子に見初められ、民間人から王室へ嫁ぎ、離婚後に交通事故死、というまさに波瀾万丈の人生。

たれ目

周囲から愛される魅力的な人

困っているように見えるので、周りが助けてあげたい、という気持ちになります。多少、性格がとがっていても「分かってあげられるのは私だけ」と思わせて周りは何かしてあげたくなるのです。人を惹きつけるエネルギーは絶大。

有名人で言うと…

田中みな実

ぶりっこすぎて女性から敬遠されていたが、美への探求心のすごさと振り切ったキャラクターで 33 歳で同性の憧れの存在へ。

つり目

強いリーダーシップを持つ人

サバサバした性格で行動力があります。リーダーシップもあり、自分の力で何とかしよう、と思うので人に甘えたりしませんが、支援者、協力者には恵まれます。意志が強すぎて攻撃的になってしまう場合もあるので注意しましょう。

有名人で言うと…

柴咲コウ

女優としても確固たる地位を確立したが、衣食住に関わる企画・開発をする会社を立ち上げ、CEOとしても活躍している。

大きい瞳

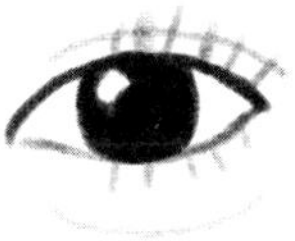

とにかく注目される人気者

意志が強く、個性的な人。輝ける力を持っているので、人気者になります。統率力があるので、みんなを仕切ったり、トップに立ったりすると能力を発揮します。行きすぎると自己中になりやすいのでほどほどに。

有名人で言うと…

橋本環奈

「千年に一人の逸材」と注目され、今や若手№1の人気女優に。撮影現場では話の中心になって盛り上げる仕切り屋さん。

小さい瞳

変幻自在の個性で活躍

クールで冷静。自分の存在も俯瞰《ふかん》的に見ることができるので、大勢の中で自分がどのポジションで活躍できるのかが分かります。人との違いを考え、時代に合った個性を変幻自在に作れるので、マニアックな路線に行く人も多いはず。

有名人で言うと…

黒木華

昭和時代の耐える女を演じさせたら天下一品。いまや時代劇には欠かせない唯一無二の存在に。若くして大女優の貫禄すらある。

茶色い瞳

コミュ力が高くイジられがち

コミュニケーション能力に優れています。ぶっ飛んだ言動をするので、周りからイジられたり、面白そう、と思われて人が寄ってきたりします。時には初めからズケズケ入ってこられたりしますが、それは宿命として受け入れて。

有名人で言うと…

北川景子

女性の憧れの「なりたい顔」代表になるほどの美貌で、夫はミュージシャンのDAIGO、親友は女芸人の近藤春菜、と幅広い交友関係を持つ。

黒い瞳

真面目で冷静な大和撫子タイプ

真面目で、古風な考えを持っている人。冷静に周りの目を意識して、確認しながら行動します。人との距離を置きたがる傾向もあるので、「もっと踏み込んでもいいのかな？」と相手に感じさせてしまうこともあります。

有名人で言うと…

有村架純

若々しくてかわいいけれど、決してキャピキャピしたりせず、落ち着いていてどこかミステリアスなところも魅力の一つ。

涙袋が大きい

セクシーでみんなにモテモテ

涙袋は性欲を表すので、ここが大きい人は性欲が旺盛な人が多く、ＳＥＸアピールがあるので、異性によくモテます。また、異性だけでなく、同性を惹きつける魅力もあります。中居正広、吉田鋼太郎、宮迫博之などもこの相。

有名人で言うと…

中条あやみ

イギリスと日本のハーフで「宇宙一かわいい」とティーンから絶大なる人気。透明感のある美貌に芸能界にもファンが多い。

左右の形が違う

両極端の個性を持つ天才肌

細い目の冷静さと丸い目の意志の強さ、両方の能力を持ち、その力をうまく合わせることができる天才に多いタイプ。時に、自分の中でどちらが本当の自分なのかが分からなくなり、戸惑ってしまうこともあります。

有名人で言うと…

横浜流星

大ブレイク後「変わらず浮つかずやるべきことをやる」と答える冷静な面と「気になるとすぐ行動する」という真逆な面を持っている。

左右の大きさが違う

二面性を持つミステリアスな性格

天才型で、根性があり働き者。野心があり富を築きますが、人の気持ちがうまく読み取れない面があり、人によって極端に違った態度で接して周りを驚かせたりします。陰と陽の二面性を持っていて、ミステリアスな魅力も。

有名人で言うと…

鳥居みゆき

美人なのに超キレてる芸風でブレイク。インタビューやトーク番組でも不思議キャラを通し、女優や MV の監督などもこなす。

うるうるした目

セクシーで異性を惹きつける達人

恋愛をすると潤んだ瞳になりますが、この目の人は常にうるうるしています。性に対する関心が高く、セクシーで自分をアピールする能力があります。異性にも積極的に近づいていき、自分のものにしてしまうタイプです。

有名人で言うと…

のん

大きく潤んだ瞳で老若男女問わず、みんなが「かわいい」と思える存在。ふだんは清純派だが、すごいセクシーさを内に秘めているのかも。

離れている目

個性派だけどマイルドな性格

人とは違う方向を見ていて、自分の世界観を大事にして独自の路線を作り上げていく人です。グループの中で、みんながどう動くのかを分析したり、平和主義なので波風を立てないようにまとめたりする力もあります。

有名人で言うと…

佐藤栞里

モデルとしてもMCとしても大活躍。決して悪目立ちせず、自然にそつなく番組を進行するのでスタッフや共演者からの信頼度も好感度も高い。

寄っている目

ぶっちゃけトークが冴えまくる人

自我が強く、一点突破型。思い切った行動がとれる人です。人の心を一瞬にして見抜く力があるので、その人が喜ぶことを言ったり、本音をぶつけたりすることができます。ハッキリ言いすぎることもあるので控えめに。

有名人で言うと…

前田敦子

AKB48の絶対的エースとして君臨し、卒業時には「私のことは嫌いでもAKBのことは嫌いにならないでください」という名言を残した。

出っ張った目

情に厚い兄貴、姉御気質

世話好きの太っ腹タイプ。情にもろく熱い人なので、周りから慕われ、人気者になります。自分の考えを決して曲げない人でもあり、一度決めたら何があっても何を言われても、最後までやり通す意志とエネルギーを持っています。

有名人で言うと…

博多華丸

後輩の女芸人と飲み会を開き叱咤激励する優しさや、R-1の賞金を「半分が大吉さん、半分は嫁」と感謝の気持ちを述べる誠実さを持っている。

目を見ると天職が分かる！

目は意思のほかにも、その人の素質や能力も教えてくれます。私もそうなのですが、片方の目に何らかの異常が出ている人は霊能者や占い師に向いています。普通の人が見えないものをキャッチしやすいからだと思います。また、集中力が抜群な四白眼の人は職人向き。本能をむき出しにしながら、目標に向かって突き進むパワーがあります。目尻のシワが下向きに流れている相は、ティーチャーズラインといって、誰かにものを教えたり、情報を伝えることに向いている人。教師やマスコミ関係、政治家などの職業に適しています。目の細い人は観察能力が高く、人の心の動きを読み取るのが得意なので、さまざまな登場人物を描いていく小説家や脚本家に多い相です。目が大きくてパッチリしている人は、司会業や芸能界など、表舞台に立つ仕事に、逆に目の小さい人は客観的にものごとを見られるので、裏方のお仕事に適しています。でも、目の細い人が芸能界など表舞台に立つと、アウトロー的な存在で人気が出たり、新しい感覚の音楽で注目されたりします。時代に合わせた発想ができるので、桑田佳祐さんのように長年愛されるアーティストになる人も多い相です。

眉

出会いの神さまが宿るから人間関係が見える！

眉骨

意志の強さが見える。
アートに対する興味
を表す。

眉中

中年期の運。ここが角
張っていると言動が裏
腹になりやすい。

眉頭

幼少期の運。エネルギー
の源なので剃ったり
しないで整える程度に。

眉尻

晩年運。長いと長寿に。
眉頭より眉尻が太いと
大器晩成型となる。

眉には出会いの神さまが宿っています。眉が極端に薄かったり細すぎたりすると神さまの居心地が悪くなって力が発揮できないので、剃《そ》りすぎたり抜きすぎたりしないようにしましょう。「眉は本来の形のままでないと美しさは出ない」というヘアメイクさんもいます。カットして整えるくらいがベストです。整えずにボサボサのままでいると、粘着気質になりやすいので気をつけましょう。眉間は運の取り入れ口です。ここがきれいでツヤツヤしていればラッキーな出会いも期待できます。くすみがあったら要注意。コンシーラーなどで明るく見せましょう。眉頭にはエネルギーがみなぎっています。ここが欠けてしまうとパワーが落ちてしまうので、抜きすぎにはご用心。眉は長ければ長いほど、冷静でものごとを客観的に見ることができますが、短い人はパワーが一点に集中して攻撃的になってしまう可能性もありますが、アイブロウなどで長さを出すと落ち着きが出ます。太いほど情熱的な性格になりますが、細いほどクールでセンスがよくなり、異性からモテるようになります。でも、老若男女に好かれるのは断然、下がり眉なんです！　困り顔に見えるので、周りの人が助けたくなったり声をかけやすくなったりするんです。２０１９年に発売した写真集がバカ売れした田中みな実さんも眉が下がっていますよね。

濃い眉

正義感が強くとことん熱い人

情熱的で癖が強い人。一度突っ走ったら止まらないタイプです。正義感がとても強く、曲がったことが大嫌いで、自分自身が考えたルールを大事にします。思い込みも強いので、相手の親切心を好意ととらえてしまう場合もあります。

有名人で言うと…

北村一輝

海賊になりたくて商船高専に入学したが、やはり海賊にはなれず、今度は映画で海賊になろう、と思い役者を目指したという。

薄い眉

アグレッシブに立ち向かう人

攻撃的なタイプで、考えるより先に行動に出ます。人情的なところもあるので、どの感情を優先すべきか悩むことがあります。突っ込んだことを聞くことも平気でできるので、レポーターなどに向いています。

有名人で言うと…

中島美嘉

クールなイメージだが、元夫とのなれそめは、番組内で「お友達になってください」と中島が元夫に連絡先を書いたメモを渡したというものだった。

長い眉

いい人ぶってチャンスを逃す人

周りに流されやすい人。円満な人間関係を築きたい、と思いすぎるあまりに自己主張ができなくなっています。気になる異性がいても、友達に気を遣って積極的にアプローチできなくなる、という痛恨のミスを犯してしまうかも。

有名人で言うと…

安倍晋三

周囲の意見に振り回されて発言が二転三転したり、国民への説明不足やプレゼン下手が露呈して支持率に影響することが増えた。

短い眉

仕事も恋愛もパワー全開！

独立心旺盛な人。単独行動を取りすぎて、群れを嫌う一匹狼になることもあります。でも、出会いに関してはグイグイ積極的に行くタイプです。勝負の日には、眉を長く描くと落ち着きが出るのでうまくいくでしょう。

有名人で言うと…

三谷幸喜

大学在学中に友人たちと劇団「東京サンシャインボーイズ」を結成。いまや舞台、映画、ドラマと幅広く活躍する人気脚本家となった。

細い眉

楽しみを追求して幸せになる人

知的でクール、サバサバした印象を与えますが、美的センスがあり、楽しいことを追求することで幸せを感じます。モテますが、眉が細すぎると冷たい印象を持たれてしまうので、適度な細さにしたほうが出会いは増えそうです。

有名人で言うと…

大野智

釣り好きが高じて船舶免許を取得。義理人情に厚く優しい心の持ち主。嵐のリーダーとしてメンバーを陰できちんとまとめている。

太い眉

愛情深くパワフルな行動派

ポジティブで愛情の深い人。行動力も抜群です。でも、均一に太い眉は愛されキャラが行きすぎて、イジられキャラになってしまう危険性があります。多少細い部分がないと、知的なイメージは作れません。

有名人で言うと…

加藤諒

強烈に太い眉でブレイク。バラエティからドラマ、映画と幅広く活躍中。個性が強すぎてイジられることもあるけれど、皆に愛されている。

上がり眉

周りを気にせず行動できる人

周りに何を言われても気にしない生き方ができる人。自分勝手に思われることもありますが、常に自信を持っています。周りから理解されなくても成功し、人から不思議がられるのを気持ちがいい、とも思っているタイプです。

有名人で言うと…

柳楽優弥

主演映画『誰も知らない』で史上最年少の14歳でカンヌ国際映画祭男優賞を受賞。急激な体重の増減や奇行も噂されたが、現在は演技派俳優に。

下がり眉

いい人に見られて損をしがちな人

優しくていい人に見えるので何をしても怒らないだろう、と思われて、いろいろお願いされたり、キツいことを言われたりします。本人はなぜそうなるのか分からず、ストレスを溜めてしまいます。でも、毒舌キャラでも愛される、という面も。

有名人で言うと…

堺雅人

人のよさそうな顔立ちだが、思慮深く、演じる役柄について徹底的に勉強する努力家。変なツッコミを入れたら倍返しで反論されてしまうかも。

まっすぐ眉

頭のキレるリーダータイプ

決断力があり頭脳明晰《めいせき》で冷静。有能な指導者になれます。眉がまっすぐすぎると自分にだけでなく他人に対しても厳しくなります。感情を表に出せずに何を考えているのか分からない人、と思われがち。情緒不安定にもなりやすいです。

有名人で言うと…

岡田将生

正統派イケメンだが、若いころから意地の悪い男や嫌な役なども演じてきた経験から、いまでは演技派としての地位を確立しつつある。

アーチ形眉

仲間を愛する世話焼きタイプ

協調性を重んじようとします。人に嫌われたくない、という気持ちがあり、何よりもグループでの関係性や仲間を大事にする人。世話焼きの部分もありますが、度が過ぎると相手にとってはおせっかいになってしまうのでご用心。

有名人で言うと…

佐藤健

多忙な中、ONE OK ROCKのTakaや、三浦翔平など、友人たちと一緒に旅行に行ったりしている。仲間を大切にする男気のある性格。

切れている眉

グループの中で孤立する相

人間関係が悪くなります。すぐ描き足してください。自分には友達がいないと感じ、人と一緒にいても孤独感があります。人との衝突も生まれやすいので要注意。グループの中で浮いた存在になると眉毛が切れます。

有名人で言うと…

中田英寿

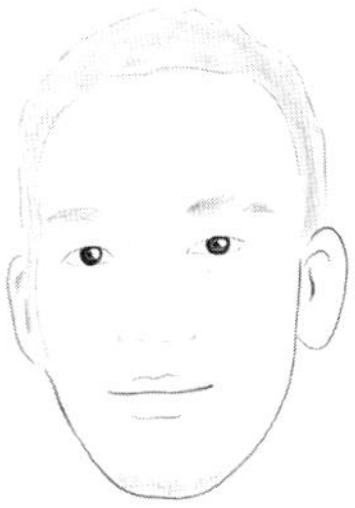

2006年ころ、流行りだったせいか眉を切っていた。日本代表のチーム内で方針についてもめていたが、引退後は第二の人生を謳歌している。

ボサボサ眉

人間関係が悪化する苦労人

考え方がコロコロ変わります。地に足がついていないような言動になったり、波風の激しい人生になってしまうことも。眉は基本的に整えておくものです。整っていないとコミュニケーションが雑になってしまうので注意しましょう。

有名人で言うと…

村山富市

庶民派宰相と呼ばれ、政界引退後も、何かと発言が話題になってしまう人。高齢になっても安倍内閣にもの申したりして元気にしている。

眉の間が広い

多くの経験をして幸せをつかむ人

運の取り入れ口が広いので、たくさん運が入ってきますが、入りすぎて混乱してしまうことも。なんでも許せる広い心を持っているので、流れに身を任せる傾向があります。家族やグループ、みんなで仲よくやっていきたいタイプ。

有名人で言うと…

杏

両親の離婚という不運を乗り越え、モデルや女優の仕事で成功。結婚、出産をして幸せになった。結婚後は、夫・東出昌大の不倫で再び波乱が。

眉の間が狭い

信頼できる人だけ大切にする人

情に厚く、深くて濃い関係性を求めます。信頼できない人とは距離をおくので偏屈な人に思われることもあります。運の取り入れ口が狭いので、成功したあとに失敗がやってくる、という大どんでん返しを経験する可能性も。

有名人で言うと…

福山雅治

仕事のスタッフと遊びに行ったりなど、仲間と深い関係になるマシャさま。ラジオで下ネタを言ったりしてファンとの交流も濃密。

目との間が広い

支援者に恵まれるラッキーな人

自分の知らないところで勝手に評価されたり、噂されるタイプ。自分とはかけ離れた存在の人や権力者などから応援されたり、好かれたりします。苦労をしたり大変な状況に陥ったときも、助けてくれる人が現れるラッキーな人生です。

有名人で言うと…

剛力彩芽

ZOZOの前社長・前澤友作との大胆な恋愛で世間を驚かせた。ドタバタの後は一皮むけて大人の女性になり、ドラマを中心に活躍している。

目との間が狭い

家族愛にあふれた熱い心の持ち主

眉と目の間は家庭を表します。ここが狭い人はとても情熱的な人で、家族や仲間を大事にします。家庭的な人なので家事や育児も得意でそつなくこなすでしょう。仕事より家庭を大事にする外国人に多い相です。

有名人で言うと…

市原隼人

インスタに愛娘や妻の写真を投稿したりと、イクメンとして有名。プライベートでは自らスーパーに買い物に行き、自分で料理を作る。

左右アンバランスな眉

自分だけの世界を大切にする人

自分が思っているものと、世間が抱いているイメージが違うので、どう対応していこうか悩みます。人とかみ合わなくなることが多々あり、仕事以外ではなるべく人と関わらず、自分だけの世界で落ち着こうとする傾向があります。

有名人で言うと…

田中卓史

アンガールズのキモキャラだが、実は業界スタッフ好感度No.1のいい人。紅茶や苔栽培など多趣味で自分の時間を大切にしている。

半月眉

目標に向かって一気に突き進む人

眉頭がしっかりしているので、スタートダッシュのエネルギーがあり、若くして成功をつかみやすい人です。成功後は燃え尽き症候群になりやすいので、常に目標を高く持ちましょう。熱しやすく冷めやすい面もあります。

有名人で言うと…

上戸彩

ドラマ『3年B組金八先生』で性同一性障害の役を演じ、10代でブレイク。「30歳までに結婚」という目標を達成し、人生設計は完璧。

眉はいじりすぎると運がダウン

眉はコミュニケーションを表すので、今までの人との接し方が出てきます。どうしたら距離が縮められるのか、失敗するのはなぜだろう、など自分自身で試行錯誤しながらよりよい人間関係を築いていくことが一番重要です。注意したいことは、運気を上げようと思って、眉を変えすぎてしまうこと。急激に運勢が変わってしまい、今まで積み上げてきたやり方が通用しなくなるので、あまりいじりすぎないようにしましょう。大胆に変えなければいけない切羽詰まった状況であったり、相当の覚悟ができているのなら別ですが、そうでないならやめておくのが無難です。若いうちから、眉頭部分を剃ってしまって北野武さんのような天才型の三角眉に変えても、たけしさんのようになれるわけではありません。なんの努力もせずに成功することはないのです。抜きすぎて薄くなってしまうとコミュニケーション能力が落ちて、相手の気持ちを考えずに、偉そうな態度を取ってしまうこともあります。嫌われて人間関係も希薄になってしまうので、抜くのはくれぐれもやめておきましょう。カットして整えるくらいがベストです。ファッションや時代に流されないようにしてください。

鼻

お金の神さまが宿るから金運が分かる！

山根《さんこん》

鼻の付け根。知力や責任感、目上の人との関係を表す。

鼻柱《びちゅう》

鼻筋。意志の強さを表す。まっすぐなら素直で才能を伸ばせます。

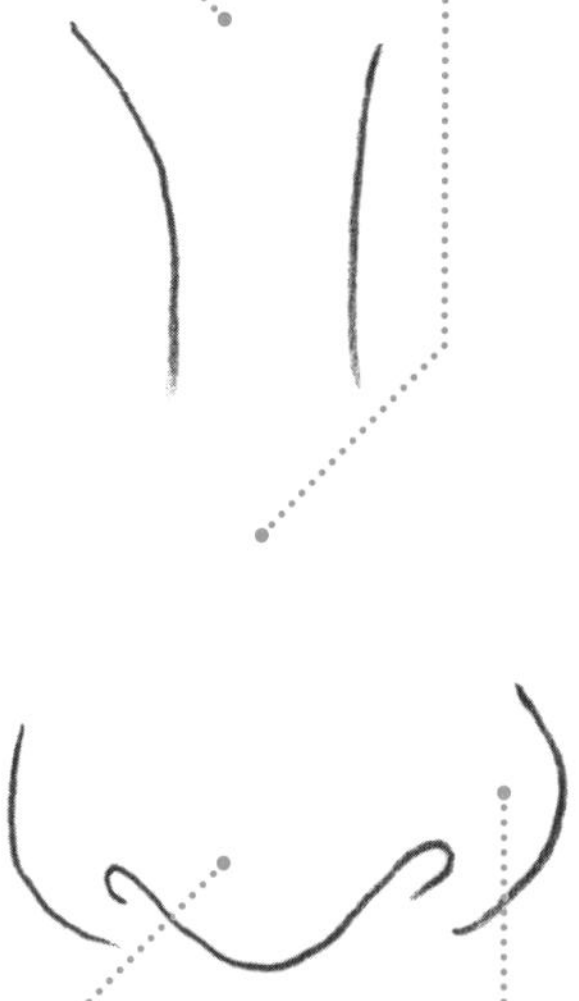

準頭《せっとう》

鼻の頭。財運、情熱を表す。丸みがあると富と成功が手に入る。

金甲《きんこう》

小鼻。金運を表します。張りがあって厚いと財運あり。薄いと金欠に。

パッと見て顔全体や他のパーツとのバランスなどを考えて、大きいか小さいかを判断します。鼻の大きい人は堂々として自信があってお金儲《もう》けも上手な人が多く、小さい人はうまく自分が出せないけれど愛嬌《あいきょう》があって人気者なので、周りの人に助けられながらお金を稼げます。鼻の高さは自分のアピール度を表すので、高いほど目立ちたいという気持ちが強く、起業家になったり有名人になったりする傾向があります。低い人は周囲を見て自分の立ち位置を考えてから、自己表現し始めるタイプなので、№2を目指すと成功します。正面から見て鼻の穴が見える人は社交性があるので人付き合いから出費がかさみます。いくら稼いでも出ていきますが、その分稼ぐパワーも持っているのです。鼻の穴が見えない人はフレンドリーではないけれど、話していくうちに心を開いていきます。お金に関してはしっかりしていて無駄使いはしません。鼻の穴が小さい人は倹約家で、大きい人は豪快に使います。縦と横のバランスのいい鼻がよい鼻ですが、現実的な幸せを味わいたい人は横幅があります。大衆から愛されたい、と思っている芸能人は鼻の穴が横に伸びていく傾向があります。鼻の穴が三角形だと、食事を奢《おご》ってくれるなど男気にあふれています。また、鼻毛が出ていると、お金の神さまに怒られて無駄な出費をしてしまうのできちんとケアしましょう。

だんご鼻

親しみやすさで人気者に

財力があってバイタリティのある人。社交的で親近感があるので万人に愛されます。大衆ウケするので、タレントや俳優になっても人気が出るでしょう。美人でもだんご鼻だと同性から高い支持を得て成功します。

有名人で言うと…

髙橋大輔

10代の頃から「大ちゃん」と呼ばれる人気者のスケート選手。一見クールな顔立ちだが、丸い鼻のおかげで親しみやすい存在に。

筋の通った鼻

プライドが高く我が道を極める人

プライドが高いので自分の世界を大切にし、我が道を進みます。何かの道を極める人も多いでしょう。媚びを売る必要がない、と思っているのでクールに見えますが、品格があって芸能人向き。独自の世界観を演出するのが上手。

有名人で言うと…

吉沢亮

学生時代に９年間続けた剣道は、２段の腕前で関東大会優秀選手に選ばれたことも。それを生かした殺陣やアクションが高く評価されている。

大きい鼻

バイタリティも財運もばっちり

堂々として確固とした自信を持ち、バイタリティと財運もありますが、時には押しつけがましくなってしまうことも。一般的には運気が悪いのですが、アスリートや芸能人、ミュージシャンなどは出世が早くなるので吉相。

有名人で言うと…

永野芽郁

10代で数々の映画に出演し、朝ドラのヒロインもゲット。お芝居にも定評がある若手演技派。今後の活躍が楽しみな女優のひとり。

小さい鼻

みんなから愛されるアイドル気質

周りから認められ、周りの人を味方にするパワーを持っていて大衆ウケするので、アイドルや芸能人向き。人が考えていることを察知して、それを代弁してあげるので重宝がられます。でも意外と気が小さく、自分を出せない部分も。

有名人で言うと…

上沼恵美子

テレビやラジオでかなりの毒舌を吐いているのに、女性たちから「えみちゃん」と愛されるのは、この小さい鼻のおかげかも。

にんにく鼻

スタミナ抜群でお金儲けが上手

スタミナ抜群で一代で財を築けるパワフル型。多彩で才能豊か。他の人が持っていない能力を持ち、それを仕事に生かすことができます。お金儲けもうまいのですが、出ていくお金も多いので家計簿をつけて管理して。

有名人で言うと…

芦田愛菜

泣きの演技と愛らしい笑顔で子役ブームを作った。「マル・マル・モリ・モリ！」のCDも大ヒット、著書もベストセラーとなり順風満帆。

カギ鼻

ひらめき一つで成功をつかむ人

「これがお金になる」と直感が働き成功するタイプ。ネットでビジネスを始めたり、コストをかけずにお金儲けするのが得意。周りをうまく巻き込んでいき財運を磨きます。損得勘定抜きの人間関係も大切にすると、より運がアップ。

有名人で言うと…

生田斗真

歌って踊れるアイドルではなく、役者を選んで成功。ジャニーズで「俳優部門」という地位を確立。多くの後輩たちも後に続く。

わし鼻

狙った獲物は逃さない強い人

ビジネスに必要な自己顕示欲があり、目標を達成するために自分と戦う気持ちが強い人。ここは落とせない、という嗅覚があるので、戦いに勝つために自分を奮い立たせる手段を知っています。狙った獲物は逃しません。

有名人で言うと…

松雪泰子

20代のころは、お嬢様役やおっとりした役が多かったが、30代以降は気の強い女性も演じるようになり、演技の幅が広がって演技派女優へ。

とがった鼻

鋭敏な感覚で大成功する一匹狼

鼻柱が薄くてとがっている人は感覚が鋭く、一匹狼タイプ。気持ちもとがっていると成功しますが、弱気になったり甘えたりするとうまくいきません。自分が周りを振り回すくらいでちょうどよく、性格が悪い、と言われるくらいがベスト。

有名人で言うと…

菅田将暉

独自のセンスと抜群の演技力で若手№1の実力派俳優に。真面目な新入社員から狂気の王様まで、役柄の幅広さに圧倒される。

長い鼻

自分らしさを追求する人

精神的な喜びや自分らしい生き方を大切にする人。責任感はありますが頑固で神経質な面も。社会の中で自分の個性をどう生かしていくのがいいのかを常に考えています。人間関係を円滑にすると、より生きやすくなります。

有名人で言うと…

米倉涼子

フラメンコに魅せられスペイン語を習得、アルゼンチン人ダンサーの恋人までゲット。自分なりの「失敗しない」生き方を謳歌している。

短い鼻

みんなに愛されるかわいいキャラ

謙虚で控えめ。直感型で突発的行動を起こしたりするので、深く考えないタイプに思われることが。愛嬌があるのでイジられキャラを目指すと恋愛運がアップします。現実的なことや論理的な発言は控えましょう。

有名人で言うと…

永作博美

無邪気な笑顔で、ママになっても変わらぬかわいさ。ガツガツ前に出てこないところが同性からも支持される要因となっている。

高い鼻

カリスマ性のある完璧主義者

頭脳明晰《めいせき》で完璧主義。我が道を行くカリスマ。自分の信じたことを貫くタイプで、多少の困難があっても動じません。チャレンジ精神が旺盛で、ビジネスにおいても、これだ！　と思ったら突き進んでいきます。

有名人で言うと…

伊勢谷友介

俳優業のほかに「人類が生き残れる環境づくり」を目指す会社を立ち上げ、実業家としても活躍中。復興支援活動にも参加。

低い鼻

人を立てる才能が豊かな二番手

周りを立てながらその中で自分の居場所を作っていく生き方をします。控えめな生き方で成功するので、自分が前に出ると失敗する可能性も。グループの中で自分の立ち位置を見つけるのが得意。No.2を目指すと成功しやすいでしょう。

有名人で言うと…

小島瑠璃子

若くして名アシスタントとしての地位を得た。気遣いをしながら、自分の意見もきちんと述べることができ、明るいムードも作れるという完璧さ。

肉づきがよい鼻

愛情豊かな野心家さん

愛情運が強く、常に周りの人のことを考える人。愛情を惜しみなく注ぐタイプ。自分から行動するより待つほうが向いています。謙虚そうに見えても自分は魅力があると信じていて、欲しいものは全部手に入れたい気持ちも持っています。

有名人で言うと…

篠原涼子

女優業で忙しいときも２人の息子とのスキンシップは欠かさずに行う、という愛情たっぷりのお母さん。女性の憧れの存在。

肉づきが薄い鼻

一見クールだが実は優しいタイプ

自分の世界を大切にしている人。愛情をうまく外に出せないタイプなので、考えていることが伝わりにくいこともあります。気の進まない仕事は断りますが、繊細で気を遣うので、何事もそつなくこなしていきます。

有名人で言うと…

田辺誠一

ふだんはクールなキャラだが、Twitterで発信するイラストの世界観が斬新で面白いと評判になり、イラストを収めた本も出版。

上向きの鼻

バイタリティあふれる行動派

パワフルで、自分が成し遂げようとすることに全力を注いで成功させます。サバサバしていて、裏表がなく分かりやすい性格で支援者も多くなります。とりあえず勢いで始めた事業でもうまく続けていく能力もあります。

有名人で言うと…

吉田羊

高校生のとき、地元・福岡で劇団を旗揚げし芝居を始める。40歳を過ぎてからのブレイクで、いまや映画にCMに舞台にと売れっ子に。

段々鼻

トップになる素質がある人

選ばれし人。中心になって活躍したり注目を浴びる存在なので、一度はトップを目指して頑張りましょう。弱気になると運気が下がったり、心が不安定になると運気が落ちたりしてしまいますが、心を癒すものがあると安定します。

有名人で言うと…

後藤真希

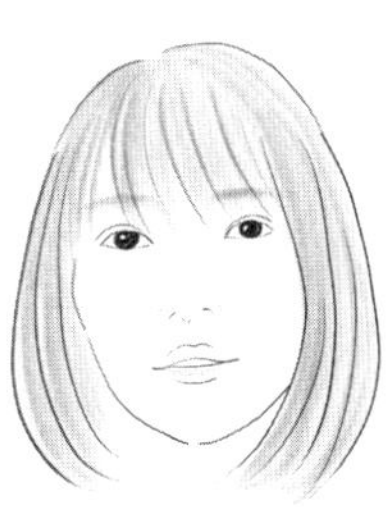

1999年デビュー。「モーニング娘。」のセンターを務めるなどして活躍後、家族の不幸や不倫騒動などもあったが、今も絶大な人気を誇る。

鼻の穴が大きい

豪快で器が大きく財運のある人

心が開放的で愛情豊かな人。自分が使いたいようにお金を使うので交際費がかさみますが、使った分だけ入ってくる財運の持ち主。運が強すぎて、まれに我が強くなってしまうことがあるのでご用心。豪快で器が大きい人。

有名人で言うと…

北島三郎

数多くのヒット曲を持つほか、北島ファミリーとして多くの歌手を輩出。キタサンブラックなど優秀な競争馬を多数所有し豪快に稼いでいる。

鼻の穴が小さい

慎重な節約家さんタイプ

用心深いタイプ。貯蓄をしたい気持ちと、浪費をしたい気持ちでジレンマに陥ります。節約家なので器が小さくなる可能性も。人見知りでコミュニケーションが苦手ですが、観察眼が鋭く、相手の出方をうかがってから行動します。

有名人で言うと…

ミッツ・マングローブ

歯に衣着せぬ辛口発言でコメンテーターとしても大活躍。知的でクールなキャラで、冷静に世間を見て的確なコメントをしている。

鼻の穴が丸い

エネルギッシュで盛り上げ上手

サービス精神が旺盛で、なんでも豪快に楽しむ人。陽気で周りを楽しませてくれるエネルギーを持っています。お金を引き寄せるバイタリティもあり、手に入れたいものが明確にあれば、力を存分に発揮できます。

有名人で言うと…

小堺一機

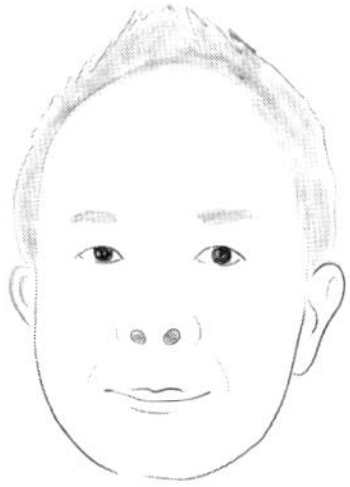

芸歴40年を過ぎてもテレビのレギュラーが他数。そのほかに、ラジオ、舞台と幅広く活躍中。番組ではお目付け役＆盛り上げ役も担う。

鼻の穴が三角

一つのことにエネルギーを注ぐ人

一つの物事に集中してエネルギーを発していくのが得意ですが、逆にたくさんのことを一気に手がけたくなる願望も出てきます。忙しい環境に身を置きたくなるタイプです。

有名人で言うと…

竹内結子

子育て中なこともあるが、決して仕事を掛け持ちせず、自分にできる範囲でコンスタントに映画やドラマに出演するマイペースなスタンス。

鼻の穴が横長

自由奔放でお金が大好き♡

自由奔放で好奇心旺盛。フレンドリーなのでいろんな人とすぐ仲よくなり、誰からも愛されます。束縛を嫌うので、関係性が深くなると、忍耐力が必要になります。鼻の穴が横に広がっているほどお金が大好きな傾向があります。

有名人で言うと…

高橋真麻

フジテレビのアナウンサーとしては珍しくイジられキャラで人気を博した。その後、フリーになってからも各局で愛され続けている。

曲がった鼻

個性を生かして成功するタイプ

浮き沈みが激しく気が変わりやすいですが、独特の個性で成功します。嘘をつくのが得意だったり、ここでは頑張って、あそこでは気を抜こう、など、いる場所によって臨機応変にエネルギーを使い分けるのが上手です。

有名人で言うと…

ともさかりえ

若いころ、多忙によるストレスで拒食症を患った。結婚、離婚を繰り返しバツ２となったが、その後は子供とともに幸せに暮らしている。

まっすぐな鼻

自己プロデュース力抜群！

自分のキャラクターを生かしてお金を稼ぐことができます。自分のセールスポイントを理解しているので、自己表現がうまく、周りから評価を得られるのでタレントや社長などに向いています。肉づきの薄い鼻だと孤独になりがち。

有名人で言うと…

森高千里

足のきれいさを生かしたミニスカートで一世を風靡。年齢を重ねたいまも注目される存在。「私がオバさんになっても」が再ヒット。

角張ってすっきりした鼻筋

無駄なく儲けられるタイプ

聡明で謙虚で現実主義。無駄なことはやらず、上手に利益を出すことに長《た》けていて、メリット、デメリットをきちんと考えられます。周りの人たちに合わせることができ、リーダーシップもあるので、監督としての才能も持ちます。

有名人で言うと…

玉木宏

21歳のとき映画『ウォーターボーイズ』に出演し、声もイケメン、と注目される。ドラマ『のだめカンタービレ』ではカリスマ指揮者役に。

口

恋愛の神さまが宿るから恋のゆくえが分かる！

口角《こうかく》

上がっていればポジティブ思考。下がっていると慎重派で現実主義。

上唇

人に与える愛情を表す。厚い人ほど世話好きで尽くし型になる。

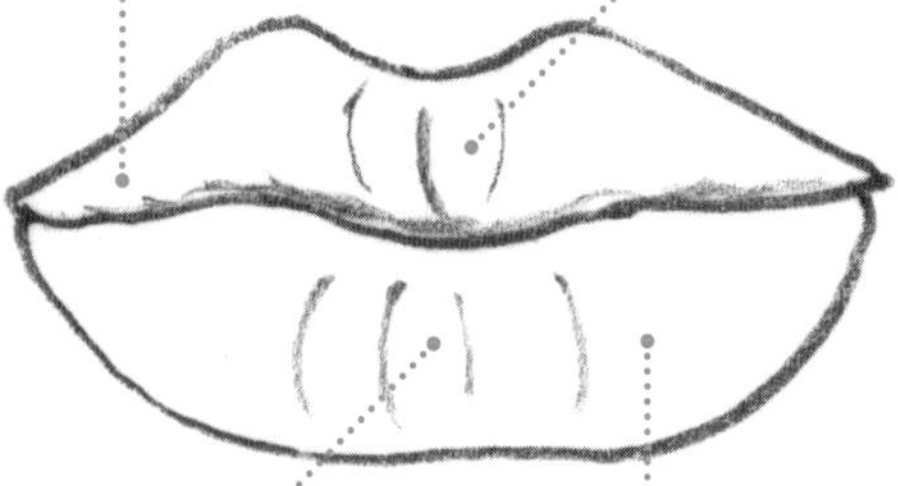

歓待紋《かんたいもん》

唇に出る縦ジワ。歓迎される相。シワのある人は周りから愛される。

下唇

受け取る愛情を表す。厚い人ほど愛情を欲している人。依存心が強くなる場合も。

口は性的なエネルギーを表します。鼻は男性器、口は女性器を意味し、性をアピールする場所。ぽってりとした唇がセクシーに見えるのはそのためです。恋愛の神さまが宿っているので、いつも潤いのあるツヤツヤした唇を保つと神さまが愛のパワーを授けてくれます。上唇で与える愛、下唇で受け取る愛の程度が分かります。厚さで愛情度が分かるので、厚いほど深く、薄いほど控えめになります。でも、厚すぎても重すぎる愛になってしまう可能性もあるのでバランスが大事です。口が大きい人ほど、愛情表現は豊かになり、小さい人ほど控えめになります。「本当に愛してくれているのかしら」とパートナーのことを疑問に思っていても、口が小さい人なら、愛していても口に出して言えないだけかもしれません。口角が上がっていると前向きに物事を考えられ、または、よいことだけを信じる傾向が強くなります。褒められて伸びるタイプです。口角が上がっていない相でも、口角を上げることを意識すると、考え方が前向きになり、恋愛に積極的になれます。唇の色が黒ずんでいるとパートナー選びを間違えてしまったりするので、ほんのりした赤色にすると幸せに近づくことができます。唇が荒れていると愛情表現が滞るので、乾燥しないように潤いを常に与えてあげてください。ツヤツヤ、プルプル唇が理想です。そうすれば恋愛の神さまが素敵な恋をあなたに持ってきてくれるはず♡

厚い唇

有り余るほどに愛情あふれる人

思いやりがあって優しく、人気者になる人です。愛情が深く、ストレートに気持ちを表現します。嘘のない愛情で信頼も抜群ですが、愛情が重すぎたり、積極的すぎると相手が引いてしまうことがあるかもしれません。ご注意を。

有名人で言うと…

アンジェリーナ・ジョリー

ブラッド・ピットとの間の実子３人のほかに３人と養子縁組をし、大家族となったが、2016年に離婚し、シングルマザーとなった。

薄い唇

じっくりと愛を育てていく慎重派

愛情は薄め。人の好意を客観的に見定めようとする傾向があります。本当に愛されていると感じるまで信用ができず、相手を試す行動をしてしまうタイプ。一見、寂しそうなあなたを、なんとかしてあげたくなる人が現れることも。

有名人で言うと…

羽生結弦

フィギュアスケート界の絶対的王者でクールな王子様。くしゃっとかわいく笑っていても、すぐに冷静な表情に戻ったりしてファンはドキドキ♡

大きい口

愛情を素直に表現できる人

愛情豊かな人で、明るくて意欲旺盛。駆け引きしたりせず、愛情をオープンにアピールします。社交性があり誰にでも気持ちを許すタイプなので、周りから好かれますが、少し大げさに物事を表現したりすることもあるようです。

有名人で言うと…

吉田美和

2004年に結婚したのは9歳年下のイケメン映像ディレクター。夫との死別後、12年に再婚したのは19歳年下のギタリスト。

小さい口

内に秘めた独自の世界観を持つ人

控えめで心優しい人。恋愛感情を表に出さず、内に秘めるタイプ。小さくても厚さがある場合は、深い愛情を持っていますが、それを隠しながら駆け引きをします。オタク気質など、マニアックな世界観を持っている場合も。

有名人で言うと…

今田美桜

厚みのある小さい口。甘いキュートな顔立ちだが、殺陣やアクションのレッスンに励んでいるというアクティブな面も持っている。

口角が上がっている

全力で相手の期待に応える人情家

相手の期待に応えようと頑張りすぎる傾向が強いのですが、あざとくならないようにすると人気者に。急にスイッチが切れて情緒不安定になることがあるので、よく見せようとするよりも本音を言ったり、気を抜いたりすることも大切。

有名人で言うと…

広末涼子

10代のころ、かわいいアヒル口で大ブレイク。当時あまりの多忙さに情緒不安定ぎみに。現在は女優として安定して活躍している。

口角が下がっている

存在そのものがカリスマ！

ネガティブ思考で何事にも慎重。周りから崇《あが》められる相であり、「私を見て！」とアピールせずとも、勝手に目立つ存在に。人に正しく理解されないので、自分が評価してほしいと思うポイントとズレていることも多い。

有名人で言うと…

浜田雅功

「幼少期からとても目立っていた」と相方の松本人志が語る。「名司会者浜田さんに小突いてほしい」と願う有名人が多数いる。

上唇が厚い

心のままに愛をアピールする人

人前でも恥ずかしがらずに愛をアピールできるタイプ。自分の愛情を伝えることや、愛情を与えるのが大好き。相手からの愛も受け取りたがりますが、追われると逃げてしまうので、この人にストレートな愛を伝えるのは控えて。

有名人で言うと…

西島隆弘

骨折していても、腰痛を抱えていても、ツアーを回っていたり、MCでもファンのために自分の思いをすべて吐き出していた。

下唇が厚い

ゲーム感覚で恋を楽しむタイプ

常にもっと愛されたい、と考えている人。与える愛情も強いのですが、それが相手に伝わりにくいこともあります。好きな人を振り向かせても、いざ相手が振り向くと醒めてしまい逃げたがります。ゲーム感覚で恋をするタイプ。

有名人で言うと…

広瀬すず

若手女優人気No.1。朝ドラ出演後は老若男女から愛されている。共演者たちからも「すずちゃん」と呼ばれて親しまれ、どこでも愛されまくり。

おちょぼ口

愛情表現が苦手で不器用な人

恋愛に関しては口下手なタイプで強がりな面も。唇が厚い場合は、愛情が深いゆえに間違った方向に進みやすい傾向があります。一点集中型なので、周りが見えなくなったり、過去の恋愛に未練たっぷりになってしまう可能性も。

有名人で言うと…

谷村美月

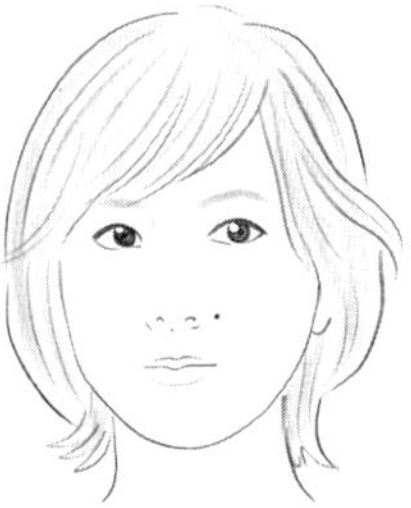

10代のころ「恋愛は苦手」とコメント。主演ドラマ『たぶらかし』ではセクシーな女性を演じ話題になったが、自身の恋の噂はあまりない。

横長

許容範囲が広く恋愛を楽しめる人

口が大きく幅も広い人は、ストライクゾーンが広いので、いろいろなタイプの人と恋愛関係になることができます。愛情が強すぎて相手に受け入れられないことも。相手の過ちを許してしまう心の広い面も持っています。

有名人で言うと…

今井美樹

モデルとして、女優やシンガーとしても活躍し、同性からの支持も厚い。夫の布袋寅泰のスキャンダルも広い心で許している⁉

出っ張っている

セクシーすぎるテクニシャン

SEXアピールが強く、魅力的でたくさんの人から愛されます。堕とせそう、と思わせてスキを見せるテクニックも持っています。勝手に惚れられることも多く、恋愛トラブルが起こりやすいので、異性との接触には気をつけましょう。

有名人で言うと…

平子理沙

ぽってりとした唇でセクシーすぎる存在。吉田栄作との結婚生活は終止符を打ったが、若いころから恋の噂は絶えなかった。

引っ込んでいる

駆け引き上手なハンタータイプ

狙った獲物は逃がさないハンタータイプ。恋の駆け引きもうまく、あらゆる手段を使って相手を振り向かせるでしょう。でも、意外と押しに弱かったりもするので、高嶺の花でもグイグイいけば恋が始まるかもしれません。

有名人で言うと…

佐々木希

誰をも虜にするかわいさと上品さでモデルとして大人気だったが、渡部建からの熱烈なアピールが昂じて電撃結婚となった。

上唇が出ている

自己アピール上手で恋多き人生

人の意見が耳に入らないほど、何よりも自分の思いを大事にする人。自分の魅力をうまくアピールすることができるので恋多き人生になります。相手から踏み込まれると弱いタイプなので、防御するために攻めに出る傾向も。

有名人で言うと…

石原さとみ

カメラマンから起業家、芸能人まで幅広いタイプの男性たちと浮名を流している。平成一の恋多き女性だが、同性からの支持も厚い。

下唇が出ている

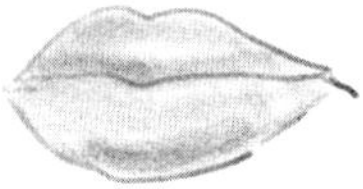

柔軟性抜群で受け身な恋愛体質

円満に物事を解決しようとするので、人の意見をよく聞き尊重します。プライベートの時間を大切にしたり、自分のやりたいことを優先する生き方をします。恋愛は受け身体質なので、相手からのアプローチを待っています。

有名人で言うと…

故・松本清張

約40年間、趣味のパチンコ以外、小説を書くことに人生を費やした。最盛期には、寝ないように立って小説を書いた、という逸話も。

上唇がめくれている

愛情たっぷりな小悪魔タイプ

愛情を出しすぎる人。感情を見せすぎたりして、バレバレの行動を取りがちになります。気が強い面もあるので、周りから誤解されやすく、同性からうとまれたりする可能性も。ＳＥＸアピールがあり小悪魔的な一面もあります。

有名人で言うと…

板野友美

元カレとのお付き合いもすぐに発覚するという、何ごとも隠しておけないオープンな性格。AKB48卒業後も引き続きカリスマ的人気を誇る。

下唇がめくれている

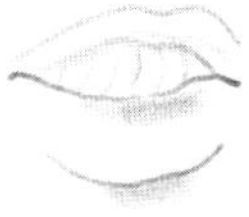

自分の信念を貫くタイプ

みんなが放っておけない存在。一見フレンドリーでも、実は人の話に耳を傾けられないタイプ。自分の信念を貫くことができますが、愛だけではどうにもならないことがあると感じていて、何をしたらいいかを常に考えています。

有名人で言うと…

ジミー大西

明石家さんまの付き人兼芸人としても活躍していたが、絵画の修業のため突然の渡西。世間を驚かせたが個展を開催し、成功をおさめた。

上下がゆがんでいる

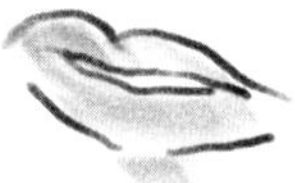

嘘やごまかしが多い人

駆け引き上手ですが、愛情表現で心に葛藤が出やすい人です。恋愛面でネガティブに考えすぎたり歪んだ愛情表現になることも。また、自分の愛情が伝わっていないのではと不安になることもあります。

有名人で言うと…

麻生太郎

若いころはまっすぐだった唇が、どんどんゆがんできてしまったのは、駆け引き上手で本音と建前を上手く使い分けられることを表している。

笑うと歯茎がのぞく

恵まれた能力を生かせる人

突出した能力や才能を持っているので、その才能を生かした仕事につくと成功しやすく、モテモテになります。あまり現実的な生き方をしないほうが幸せになるでしょう。一緒に関わった人が出世したり、幸せになったりするあげまん体質。

有名人で言うと…

戸田恵梨香

朝ドラの熱演も好評価となり演技派女優として君臨。恋多き人で、彼女と付き合った人はみんな売れっ子になるという声も。

赤い唇

何より愛が一番大事な人

愛で生きている人。愛する人や守るべきものがあるほうが頑張ることができ、運も味方してくれます。愛のない言動をすると運気が落ちてしまうので注意。決して欲望には走らないでください。痛い目にあいます。

有名人で言うと…

田中圭

家族、友人、仲間など、関わる人たちをとても大事にする。共演者とはすぐに仲よくなってしまうという、愛嬌たっぷりのお人柄。

ピンクの唇

サービス精神旺盛な人情派

優しく思いやりがあり、人のために動くエネルギーを持っており、みんなと愛情を分かち合いたいと思っています。唇の色は明るめであればあるほど、オープンでサービス精神が旺盛になる傾向があります。

有名人で言うと…

吉高由里子

帰国子女だけあって人見知りをせず、ドラマなどで共演するとすぐ仲よくなれる性格。インタビューでは何でも話してくれると高評価。

黒い唇

知性豊かなナルシシストタイプ

自己愛が強いので、一人の時間を大切にしたり、自分を守るために動くエネルギーが旺盛です。一人でじっくり考えるのが好きな知性派で、人のために行動をしても黙っているタイプです。また、孤独や寂しさを感じやすいかも。

有名人で言うと…

織田裕二

役柄に対して他には例を見ないほど深く考え、その人物の持ち物にまでこだわりを持つ。演技に対する情熱が高いことで知られている。

シワが多い唇

気さくで誰からも愛される人気者

フレンドリーなので、知り合いが多くなります。社交性も抜群で多くの人から好かれます。セクシーさもあるので異性からもモテモテ。でも追われると面倒くさくなるタイプなので急に態度を変えたりすることも。

有名人で言うと…

斎藤工

芸人の永野とも仲よし、という幅広い交友関係を持つ。マツコ・デラックスから「顔面が性器みたい♡」と番組で指摘されたことも。

浜ちゃん夫妻は唇の相性抜群！

浜田雅功さんは下唇が厚く、愛情を受け取りたいタイプ。奥様の小川菜摘さんは上唇が厚い愛情を与えるタイプになります。愛情をたっぷり持っていて世話好きな奥様がいらっしゃるので浜田さんは安心して外で仕事ができます。お二人ともそろって唇の厚さがあるので、かなりお互いへの愛情や信頼が深いように思えます。浜田さんの口角は下がっているのでよい意味でネガティブに物事をとらえ、慎重な行動をとります。現実的に物事を考えていく力が強いはずです。逆に菜摘さんは口角が上がっているので、気持ちが落ちることがあっても基本的にはポジティブなイケイケ派です。もし家族や夫婦間に何か問題が起こっても、お互い違った観点から考えた意見を出し合えるので、偏った方向へ行って出口が見えなくなることはなく、スムーズに解決できるのではないでしょうか。このバランスも最高といえます。インスタグラムなどでは、デートをしているところや家族や友達とお誕生日のお祝いをしている様子をアップしていますが、どれも微笑ましい写真ばかりです。いつまでも仲よしなのは唇の相性が抜群だからだと思われます。

法令線

仕事の神さまが宿るから出世運が分かる！

長さ

仕事をする時間や環境が見える。長い人は職場環境に恵まれ、短い人は苦労しがちに。図のBより長いと長寿、Aより短いと短命を暗示。

濃さ

仕事へのエネルギーが分かる。濃いほどバリバリ働き、薄いとゆったり働く傾向。

幅の広さ

仕事での成果が見える。広がっている人ほど成功し、内側に入るほど苦労する。

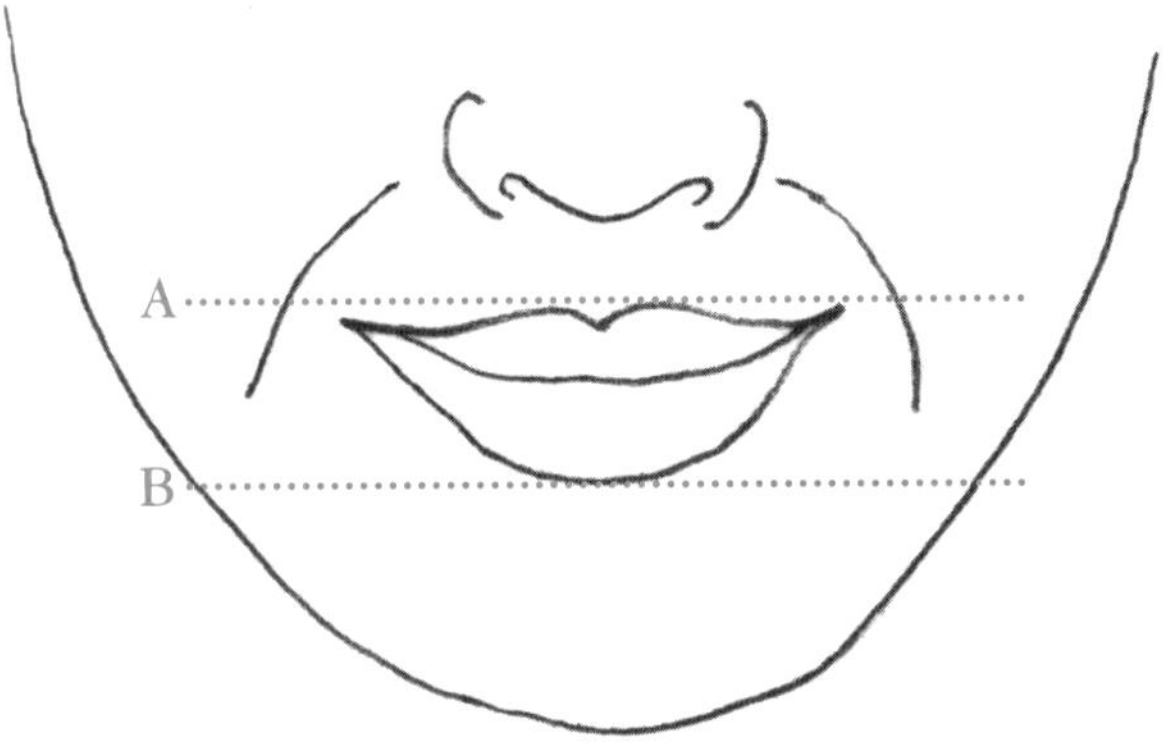

笑っていないときの法令線で仕事運を見ます。法令線が深く入っている人ほど、仕事に対するエネルギーが強く、バリバリ働くタイプ。薄い人ほど、無理なく働く生き方を選びます。女性で法令線が薄い人は、結婚して旦那さんをうまく転がしてたくさん稼がせたり、目上の人に気に入られて楽ないいポジションをもらってしまおう、という考えを持っていたりします。片方しか出ていない人は、部下や上司との縁が薄くなり、人間関係のトラブルが絶えないかもしれません。仕事と家庭の両立ができなかったりすることも。法令線の上が長いと上司との関わりが深くなり、下が長いと部下との関わりが深くなります。鼻の下は食禄《しょくろく》と言います。ここをきれいに囲んでいたり、ここから広がっていく法令線が出ていれば、食べるのに困らない人生になります。反対に、食禄の中に入り込むような法令線があると、食べ物に関してのトラブルに巻き込まれたり、突然職を失うようなこともあるので、周囲との調和を重んじたり、自分よりも相手の気持ちを考えるようにするといいでしょう。澤穂希さんのように、法令線の左右にほくろのある人は、良妻賢母の証で、相手になんでもやってあげたい、という典型的な尽くし型です。法令線が長いほど健康で長寿、といわれています。

深い

エネルギッシュな熱血仕事人

仕事に対する意欲やエネルギーが高く、バリバリと働きます。休日を返上して仕事に取り組むことも。目上の人や部下とも深い交流があるので、双方からたくさんのお願いをされて、板挟み状態になってしまうこともあります。

有名人で言うと…

仲村トオル

好きな言葉は「武士は食わねど高楊枝」。プライドを持って芝居に打ち込み、シリアスからコメディまで幅広い演技をこなす。

薄い

遊んで楽しく生きるタイプ

仕事運が弱く、仕事をしないですむ生き方を選びがちです。働かなくても生きていける方法を考え、実現します。仕事を仕事と思わず、趣味や遊びの延長のように取り組むことで成功します。イキイキとしていつまでも若々しい人。

有名人で言うと…

安田成美

木梨憲武との結婚後は子育てに専念し、女優業はしばらく休んでいた。現在は仕事に復帰したが、仕事はマイペースにやっている。

長い

健康運、仕事運も強い安定型

法令線が長い人のほうが長く働く傾向があります。病気知らずで健康に仕事を続けられるので、衣食住に困ることなく、出世するタイプです。左右の線があごのほうまで伸びていると、元気で長生きできます。

有名人で言うと…

太田光

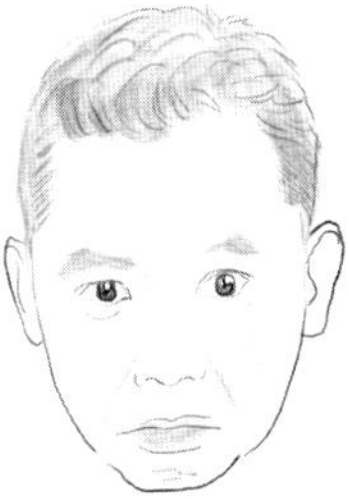

細い体だが病気とは無縁の健康体。破天荒な言動にも関わらず信者がいるほど、業界内からも世間からも認められる才能と人柄。

短い

中年まではイケイケで働くタイプ

法令線が短いと中年期までは仕事はイケイケの運気でいけますが、中年期までに徳を積まないと、その先に苦労が待っていることがあります。時代の流れに乗れないお店がなくなっていくように、運も衰退していきます。

有名人で言うと…

西島秀俊

撮影現場へ30種類のスイーツの差し入れをしたり、周りへの配慮を忘れない人。中年以降も活躍しているのは、こうして徳を積んだ証？

幅が広い

食うに困らない人生を送れる人

食禄から広がるので、食べることに困りません。衣食住も充実していきます。女性は法令線がないほうが嬉しいと思いがちですが、社会に出るとき、特に芸能界のような厳しい世界に入るときは、きれいに広がる法令線は必要です。

有名人で言うと…

長澤まさみ

若いころからくっきりと法令線が出ていたせいか、10代でブレイク。現在も一線で活躍し、映画女優としての貫禄さえある。

口のほうへ入っている

衣食住に問題を起こす人生

食禄を囲んでいるので、衣食住に問題が出ることがあります。晩年はとくに運気が下がるのでご注意。言いたいことを言って失敗することが多いので、不運を防ぐために辛いことをあえて経験したり、苦労を買って出たりしましょう。

有名人で言うと…

木下優樹菜

実姉のタピオカ店トラブルに加担してしまい、2019年に活動休止にまで追い込まれた。同年大晦日には離婚、不倫疑惑も起こった。

幅が狭い

自分の居場所を大切にする人

財運に恵まれながらも、無駄使いはしない倹約家。チャンスはいろいろ来るけれど欲を出さず今の居場所を大切にする、とても堅実な人。安定を失うのが怖いと感じるタイプですが、もう少しだけ冒険してみると、より魅力的になれます。

有名人で言うと…

草彅剛

「いい人」のイメージが定着していたが、任侠モノなど、180 度違う役柄を演じたことにより演技の幅が広がり、役者として大成。

左右アンバランス

唯一無二の存在になれる人

親との縁に恵まれず、仕事でも厳しい人間関係になる傾向があります。でも、類いまれなる能力を発揮して、特別な存在になれる可能性も大きいタイプ。成功すると周囲への配慮に欠けやすくなるので注意しましょう。

有名人で言うと…

佐藤浩市

二世俳優としてデビュー。父である役者・三國連太郎との確執も噂されたが、いまや日本映画界に欠かせない個性派俳優の一人となっている。

歯

口と同じ恋愛の神さまが宿るから恋愛運が分かる！

犬歯《けんし》

門歯と臼歯の間の糸切り歯で上下左右の4本。親族、友人、知人との関係を表す。

門歯《もんし》

自分を表す前歯で上下4本ずつ計8本。運の入口。揃っていればいい運気が入る。

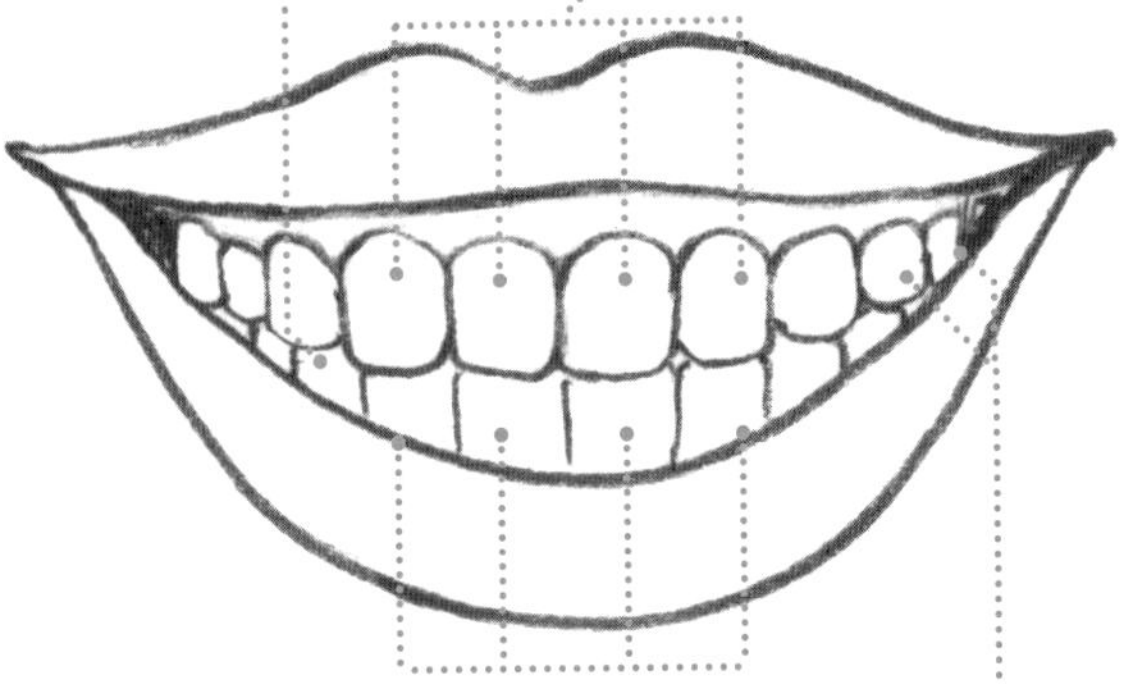

臼歯《きゅうし》

犬歯の横2本は仕事運を表す小臼歯。その奥の3本は理性や知性を表す大臼歯。上下左右5本ずつの計20本。

口の中は家の中。きれいにしていれば人は寄ってきて、汚いと人が寄り付かなくなってしまいます。白くてきれいな歯並びが理想。黄色い歯石が溜まっていると、悪い人間関係を引き寄せます。運気も下がるでしょう。ヤニや紅茶などで茶色くなってしまうと、危険度はもっと高くなります。まめに歯石を落とすクリーニングをしましょう。歯並びが悪いとスムーズにものごとが進まないことがありますが、そんな状況の中でもうまく戦って最善のポジションを獲得すれば、いろいろな人と出会えて刺激的な人生になることもあります。逆にそういう経験が必要だから歯並びが悪いのかもしれません。矯正などで歯並びを直すと、人間関係もスッキリして、いい環境が生まれます。相性がよい人も引き寄せることができるでしょう。また、部屋の模様替えが好きになるかもしれません。歯の治療中はクセのある異性を惹きつけることがあるかもしれませんが、終わると素敵な異性に出会えるようになります。歯のかみ合わせもとても大切です。歯ぎしりをする人はマウスピースで直しましょう。歯医者さんで保険診療で３０００円くらいで作ってもらえると思います。

歯並びがよい

素敵な人に出会える幸運の持ち主

歯並びがいいと心が整うので、運が強くなり、常にいい運気に恵まれ、素敵な異性と出会えるようになります。人間関係がうまくいくので、自分が過ごしやすい環境作りができるようになったりといいことずくめ。

有名人で言うと…

仲間由紀恵

若いころから学園コメディものから恋愛ものまで、そして主役から脇役までと、どんな役でも幅広く演じられる存在の大女優。

歯並びが個性的

個性的な異性を惹きつけるタイプ

片付けが苦手で、ものがないと落ち着かないタイプが多く、寂しがり屋。個性的な異性となぜかうまく付き合えてしまうので、恋愛運で問題が出ることも。普通の人間関係が築きづらい人が多く、心が整わないので孤立することも。

有名人で言うと…

藤原竜也

チャーミングな歯並び。交友関係が広く、友達も多い。結婚前はモテモテでプレイボーイだったが、現在は子供も生まれ1児のパパに。

黄味がかった歯

ストレスを溜めすぎるタイプ

本来、歯は少し黄色がかっていますが、あまりに黄色い場合、ストレスが溜まっていて危ない行動に出てしまう可能性があります。タバコやコーヒーなどの嗜好品を控えたり、溜まっている歯石を取ったりしてきれいに。

有名人で言うと…

槇原敬之

繊細な歌声と表現力を持っていて数々の名曲を生み出していたが、２度目の薬物逮捕時に以前より歯の劣化が進んでいたことが話題に。

白い歯

タフでアグレッシブでモテモテ

健全な精神を持ち、活発で行動力があるので人を惹きつける魅力があります。自分のやりたいことに向かってぐんぐんエネルギーを注いでいける人。さっぱりした性格であと腐れもなく、ちょっとしたことではクヨクヨしません。

有名人で言うと…

新庄剛志

現役時代も注目を浴びる言動があったが、2019 年、48 歳を目前にしてプロ野球現役復帰宣言までしてしまう、スーパーポジティブ人間。

暗めな歯

特殊な世界でモテるタイプ

嗜好品がないと生きていけないタイプ。いわゆるヘビースモーカー。独特の世界観と能力を持ち、自分にしかできない斬新な行動を取ります。一般社会では問題を抱えがちですが、特殊な世界では一目置かれる存在になったりします。

有名人で言うと…

古田新太

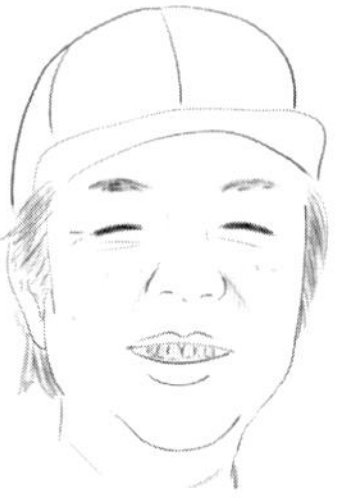

独特の雰囲気や個性あふれる演技には定評があり、スカートをはいた男性教師役を演じるなど、役者として唯一無二の存在。

上の前歯が出ている

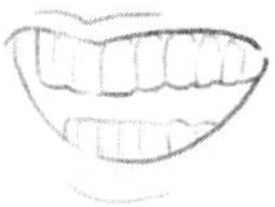

陽気なムードメーカー的存在

楽しいことが大好きで明るく裏表のない人気者。時にはおしゃべりになったり、大げさに話を伝えることもありますが、周りを和ませようとしているのが伝わるので憎まれません。自身の恋愛もオープンに話してしまうタイプ。

有名人で言うと…

明石家さんま

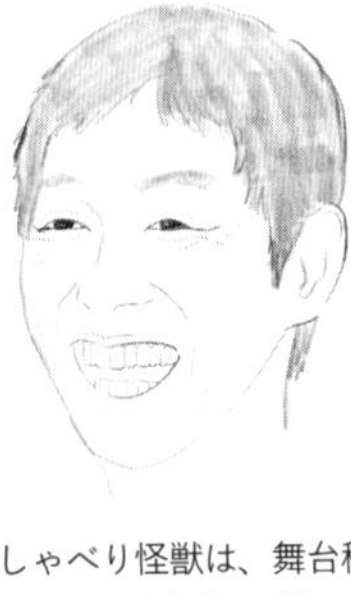

おしゃべり怪獣は、舞台稽古でもしゃべり倒して朝になってしまうという。元妻・大竹しのぶとの関係もだだ洩れになるほど。

八重歯

口数少なく計算高き慎重派

あらゆる場面で用心深く生きていて、プライベートもあまり見せないし語らない人。あまり計算しすぎると失敗するので、本気でぶつかり合うことも必要です。自分のことをグイグイ引っ張ってくれるパートナーがいるとうまくいきます。

有名人で言うと…

大島優子

AKB卒業後、女優として活躍するも、2017年から18年にかけてアメリカ留学していた。ガードの堅さからかあまりパパラッチされない。

すきまのある歯

寵愛を受けるか否かの二択の人

運の入口にすきまがあるので、プラスに出た場合、不思議な魅力を発揮し、人を虜にします。しかしマイナスに働いた場合、頑固になったりこだわりが強くなったりして、恋愛運は落ちてしまうので注意してください。

有名人で言うと…

タモリ

ジャズピアニストの山下洋輔にバーで「面白い」と見出され芸能界入り。今ではお笑いビッグ3の地位に上りつめ、信者もいるほど。

おでこ

運の神さまが宿るから強運度が分かる！

広さ

顔の３分の１以上あるのが理想。広いほど運気に恵まれる傾向に。

生え際

きれいに整っていればよし。乱れていると波乱が起こりやすい。

おうとつ と ツヤ

張りとツヤがあるといい運気が入り、凸凹していると運気が乱れがち。

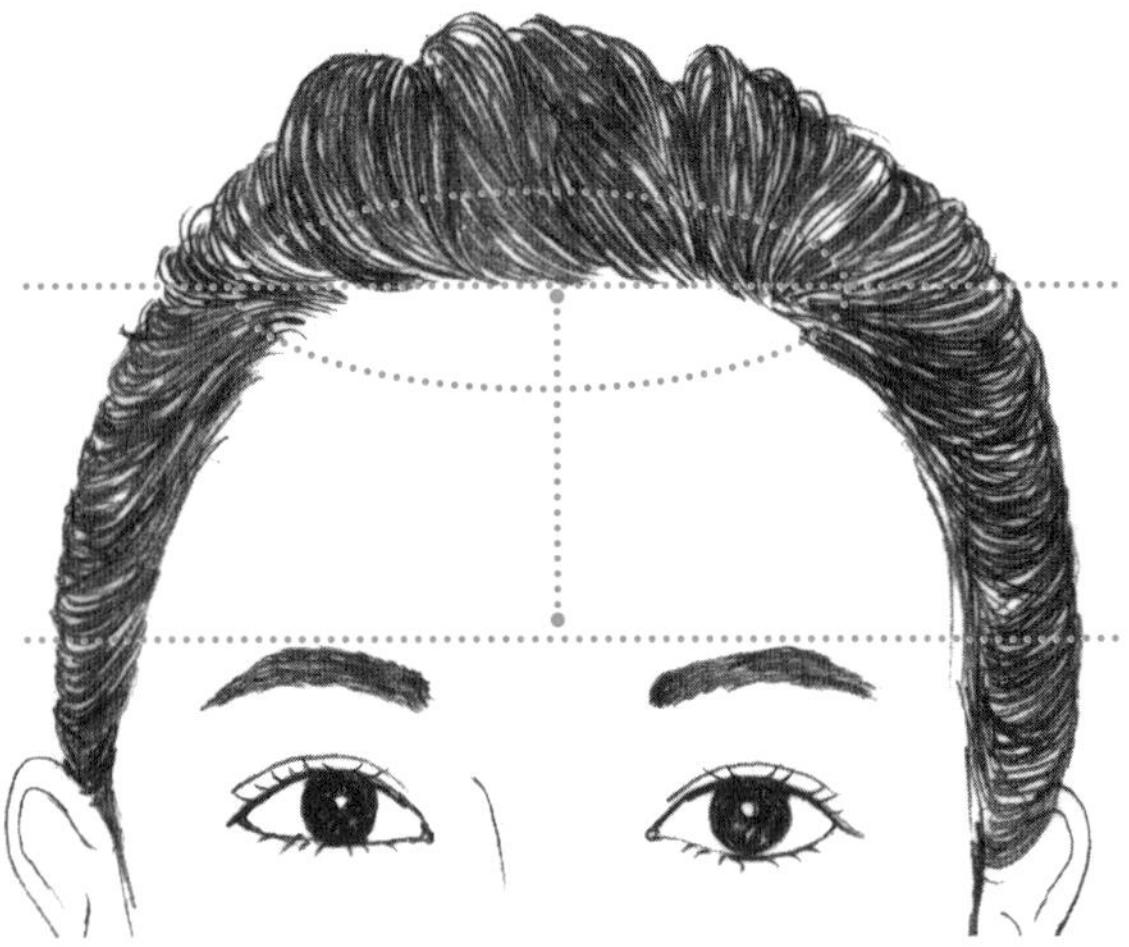

おでこでは強運度を見ます。頭脳明晰《めいせき》な人はおでこが広く、直感的な人は狭くなります。政治家などにおでこが広い人が多く、格闘家やアスリートなどには狭い人が多く見られます。おでこが狭いと出世は遠のく傾向にありますが、出世してくると大体の人はハゲあがってきます。社長や監督など、上の地位の人はおでこが光っている人が多く見受けられるのはそのためです。おでこに特徴があると若くして成功する可能性が高くなります。おでこは運が入ってくるところなので、おでこを出すと活力が出て仕事運が上がります。逆に、我が強い人がおでこを出すとエネルギーが強く出すぎて収拾がつかなくなり、ウザがられることもあるので十分注意しましょう。仕事運より結婚運を上げたいなら、前髪を作ったりしておでこは隠すことをおすすめします。最近のアイドルはほとんど前髪がありますが、ミステリアスな感じが出て人を惹きつける魅力が出るからなのでしょう。おでこを出していた人が前髪を作ってからたった2週間で結婚が決まった、というミラクルが起こったこともありました。逆のパターンもあって、前髪があるとパワーが足りなくなるので、前髪があった人がおでこを出して運気をアップさせたら結婚できた、ということもあります。自分はどちらのタイプなのか、今の自分の状況を冷静に判断しながら、上手に楽しく運をつかんでください。

広い

強運でスター街道まっしぐら

強運の持ち主。ここぞというときに力を発揮できたり、中心人物になれるのでスター性も抜群。若いうちから成功する可能性も高く、追いつめられたときも、逆転劇を起こせるのでドラマチックな人生に持っていくことができます。

有名人で言うと…

趣里

水谷豊と伊藤蘭の娘という超サラブレッドだが、二世としてでなく演技が高く評価され、ドラマや映画に大活躍している女優。

狭い

高い運動能力でアスリート向き

直感タイプ。運動能力が高い人が多く、10代で成果を出す人もいます。サッカーの久保建英や、バスケの八村塁、格闘家にも多く見られます。普通に生きてしまうと出世はあまり望めませんが努力して特技を身につけると成功します。

有名人で言うと…

三浦春馬

2008年、ドラマ『ごくせん』でブレイク後も演技の幅を広げ、19年再演された舞台『キンキーブーツ』のドラァグクイーン役で賞賛。

富士額

自分が大好きな自己陶酔タイプ

依存度が高い人。私だけ、という特別感を重視するので、自分だけのポジションを大切にします。自分の居場所を感じられなくなると、そこにいられなくなってしまう場合も。美男美女が多く、生まれついての運を持っています。

有名人で言うと…

藤原紀香

ミス日本グランプリからタレント、女優へと華やかな転身を遂げ、職業「藤原紀香」と評されるほど、圧倒的な世界観を持つ人。

M字

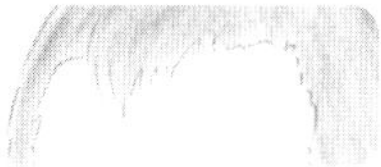

自由なアウトロー的ヒーロー

アイデアマンで、一芸に秀でています。芸術的なアプローチで人から注目されることも。自由を愛するタイプで精神的な解放が必要になります。いつもとがっていたい人なのでアウトロー的な生き方になりやすいでしょう。

有名人で言うと…

矢沢永吉

バンド「キャロル」でデビューしてから約50年。ソロ転向後も「成り上がり」精神で、70歳になっても大物ロッカーとして君臨。

四角い

マイペースで頑固な職人タイプ

頑固な職人気質。神経質で完璧主義です。几帳面で働き者ですが、融通が利かないところがあります。こうするんだ、と一度自分が決めたことは周りから何を言われようと実行しようとします。決断力と勇気を持っている人。

有名人で言うと…

Matt

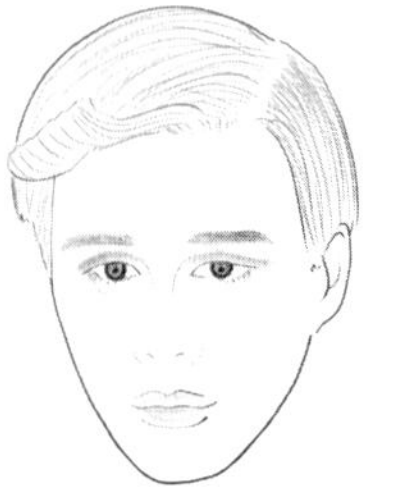

美しさを追求するあまり、人間離れした見た目になったが、顔を大幅に修正してしまう「Matt化」という言葉を流行らせた。

アーチ

マルチな活動で成功するタイプ

社交的で、争いを好まない人。人気者になったり、出世しやすいタイプ。目上の人から引き立てられることもあります。視野が広くなんでも器用にでき、頭の回転が速いので、運を味方につけることができます。

有名人で言うと…

安室奈美恵

音楽とファッションを融合させ、アムラーという言葉ができたほどカリスマ性があったが、40歳で引退。今は伝説的な存在。

不揃いな生え際

発想力豊かなマイペース人生

発想力豊かで、言葉の使い方や選び方で成功できる人。自分のリズムをとても大切にするので、ペースを乱されると情緒不安定になってしまうことがあるので、ご用心。大原麗子や沢尻エリカ、宮沢りえなどもこの相。

有名人で言うと…

中村アン

意外にもブレイクはバラエティ番組での「毒舌」キャラ。その後は鍛えあげた美ボディでアグレッシブな女性として注目される。

出っ張っている

若くして出世する可能性大

おでこが出ている人は10代から20代前半くらいで地位や名誉を得やすくなります。優しく親切で人柄もよく社交的なタイプ。直感が鋭く、人の気持ちを読み取ることができ、判断力にも長けています。

有名人で言うと…

濱田岳

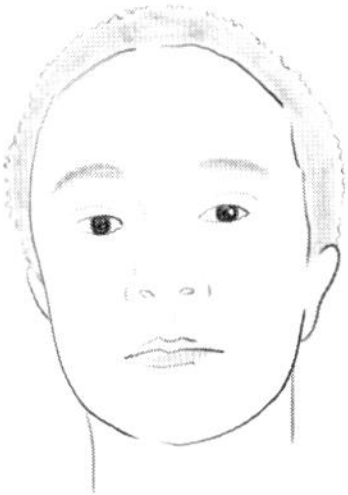

子役時代から活躍。16歳のとき、ドラマ『3年B組金八先生』の演技が高く評価され、現在はドラマ『釣りバカ日誌』にて2代目を受け継ぐ名役者。

平ら

圧倒的なカリスマ性を持つ人

自分に厳しく、とても勤勉。内向的な努力家で、他人にも厳しいので、後輩や子供の躾《しつけ》も手を抜きません。年上から認められ、年下からリスペクトされ、周りからの評価を受けながら成長していきます。

有名人で言うと…

吉田沙保里

霊長類最強女子と言われるまでになったのは地道な努力と練習の賜物。レスリング引退後はタレント活動を開始しブレイク。

一部が出っ張っている

能力を生かしきれない人生

実力があってもチャンスに恵まれにくかったり、タイミングが悪かったりして、なかなか成功につながらないタイプ。転職が多くなることもあります。前髪を作るなどして、なるべくおでこを隠すのが得策です。

有名人で言うと…

神田うの

ベビーシッター窃盗事件などもあったが、子育てが一段落してからはテレビやマイブランドのプロデュースを本格始動している。

出世しているのにハゲていない人はヘン!?

おでこは運が入ってくるところなので、広ければ運の神さまからいろいろな運気をもらうことができます。さまざまな運気が集まってくると、思考パターンも増えて、人間関係も広がっていき、出世する要素も多くなります。おでこが狭い人は運が悪いのではなく、もらえる範囲が狭まるのでピンポイントの運気になってしまいます。そのため、おでこの広い人より出世するのに時間がかかる可能性が高いのです。ただ、特殊な世界では若くして成功する場合があります。社会に出て戦って、バリバリ仕事をしている人＝バイタリティがあり、時に攻撃的な行動に出る人は男性ホルモンがどんどん増えていきます。男性ホルモンが増えると髪は薄くなっていくので、出世していくとハゲていくんです。社会的地位があるのに、前髪フサフサでハゲていない人はヘン、と言ってもいいでしょう。女性ホルモンが多くて抜け毛が抑えられているのかもしれませんが……。おでこを出すと仕事運がよくなりますから、ハゲればもっと運気も上がります。地位の高い人、会社の社長さんや議員など、ピカピカ度が高いですよね。

あご

人生の神さまが宿るから生き方が分かる！

広さ

四角く、広さがあってしっかりしたあごの人は、安定志向になる。

丸み

丸みがあるほど、周囲の人との調和を重んじる社交家タイプになる。

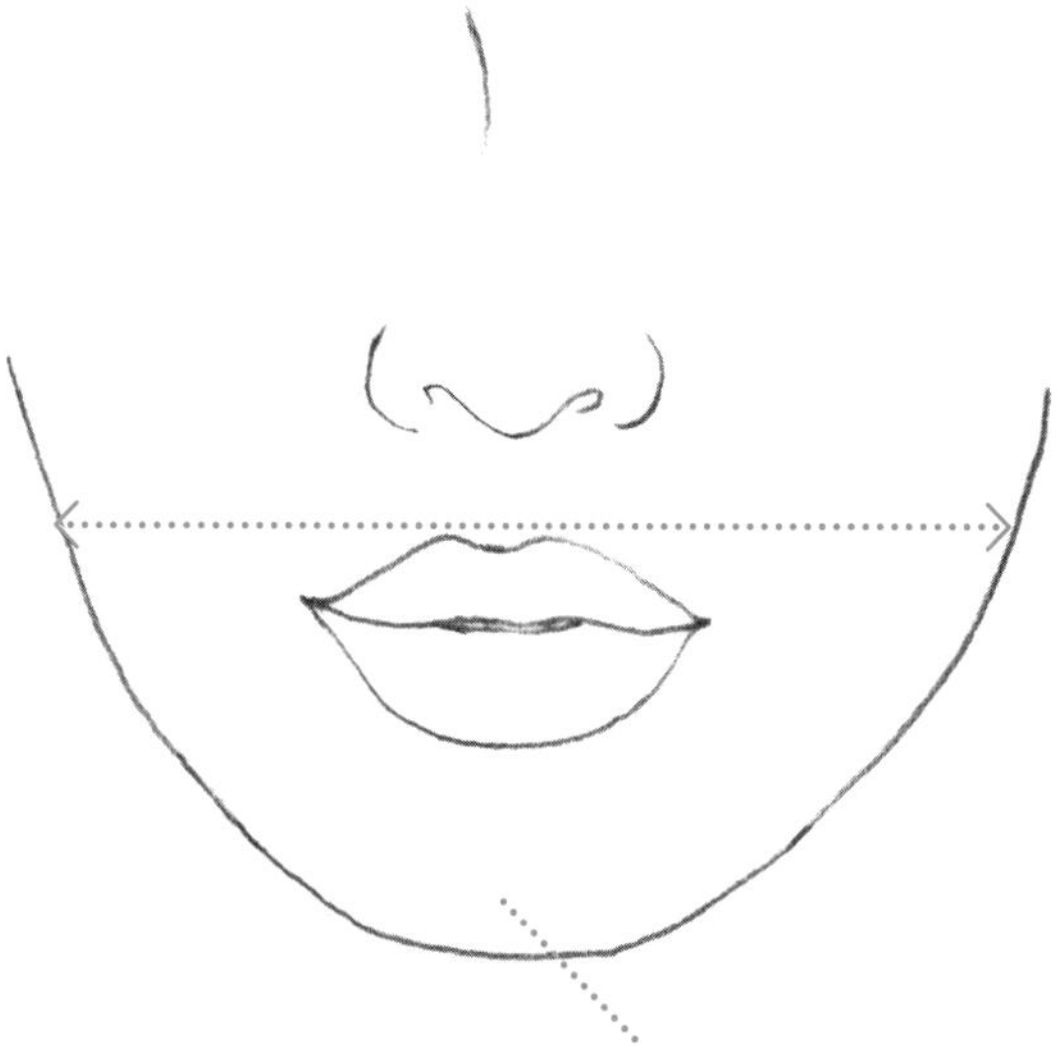

突き出し方

前に出たりなど特徴のあるあごの人は、人前に出る職業が向いていて、カリスマ性がある。

どんな生き方がしたいのか、また自分に何が向いているのかを見ます。四角く、安定したあごの人は、生き方も安定傾向にあり、周りの人との調和を大切にしながら自分のポジションを作ります。現実主義で先を見ることができるので、晩年に成功したり、嫌なことがあっても顔に出さないでいられるので、存分に実力を発揮できて出世します。あごのとがった人は周りの人からどう思われても気にせずに自分のやりたいことを貫きます。知り合いが誰もいないところにもどんどん飛び込んでいって、そこを自分が過ごしやすい環境に変えようとします。あごが小さい人は、いろいろなところへ飛び回りたいタイプで、海外に行って異国の友達を作ったり、移住したりする可能性があります。あごは丸みがあるほど、周りの人とうまくやっていけるようになります。あごは安心感を与えるパーツなので、アントニオ猪木さんや、有田哲平さんのような長いあごは、見ていて安心する効果があるので、リーダーシップが生まれ、みんなから慕われます。逆にとがりすぎていると、周りから孤立しやすくなり、家族といても孤独を感じるようになります。あごが割れていたりすると、新しい世界を見つけ、そこに自分のポジションを作り、二重生活をすることも。よくいうと好奇心旺盛で、悪くいうと飽きっぽい性格。一つの場所にずっといるのが苦手なタイプです。

細くとがっている

自分の生き方にまっすぐなタイプ

自分のやりたいことを優先するため、安定しない人生になる可能性がありますが、変化に強く、機転が利き、流れを引き寄せる力があります。才能を生かし、個性を生かして成功します。女優や芸能人に多い相。

有名人で言うと…

桐谷美玲

モデル、女優、キャスターと、多方面で活躍していたが、三浦翔平との結婚後はマイペースに活動し幸せな日々を送っている。

二重あご

常識的でリアリストなタイプ

現実的で常識的な考え方をして生きている人で、お金持ちの相。リアリストなので、夢を追いかけている人につい忠告してしまったり、無性に惹かれてしまったりもします。未知なものに挑戦すると世界が広がります。

有名人で言うと…

マツコ・デラックス

豊富な知識と愛のある毒舌で冠番組を持つ超人気タレントに。常識的な発言ができることで、ご意見番として安定の地位も築いた。

長いあご

リーダーシップを発揮して成功

安定した地位や長期政権を築ける人。戦略を考えて勝つことが好きで、自分の土俵でだけ闘いたいタイプ。仕事では自分の派閥を作り、楽しみながら仲間とともに困難なプロジェクトに立ち向かっていき成功します。

有名人で言うと…

有田哲平

後輩芸人と集まる「有田塾」という会を作ったり、プロレスの大ファンで番組を作ったりして、有田イズムがどんどん浸透。

丸いあご

協調性抜群の愛されキャラ

周りの人とうまく関わることができる人。協調性があり、仕事場などを、安心できる環境やアットホームな雰囲気に作り替える能力を持っています。味方をどんどん増やしていくことが運を高めるポイントになります。

有名人で言うと…

水卜麻美

好きな女子アナ５年連続１位獲得。お昼の情報番組から朝の番組に変わっても、癒し系の魅力はそのまま、お茶の間を和ませている。

四角いあご

コツコツと積み上げていく人

ほどよく現実的。自分の立ち位置をよく理解し、自分の能力も把握できているので、地道な努力ができる堅実な人。あまり多くを望まないほうがうまくいくでしょう。マイペースにじっくり時間をかけてよい経験を重ねていくタイプです。

有名人で言うと…

佐藤二朗

ドラマや映画などでは絶妙な間や、個性的な芝居で作品を盛り上げてくれる名バイプレーヤー。脚本家や映画監督としても活躍している。

割れている

二つの世界で活躍する優秀な人

あごが割れていると二つの居場所を持つようになります。家庭を二つ持ったり、離婚しやすいことも。神経質で繊細な部分があり、組織とうまくいかないことも多々あります。好奇心旺盛で、特殊な才能と鋭い感覚の持ち主。

有名人で言うと…

竹野内豊

若いころはモデルと俳優の二足の草鞋を履いていたが、今では優しいパパから厳しい役人まで幅広く演じられる役者になった。

突き出ている

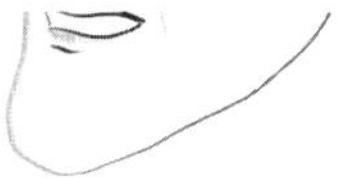

コンプレックスを生かして成功

細かいことは気にせずに、とりあえず行動して何かを実現させる力がある人。個性的なので守りに入らず、攻めていったほうが成功します。弱気になると運が落ちるので躊《ちゅう》躇《ちょ》せずにコンプレックスをバネにしてガンガン行きましょう。

有名人で言うと…

稲田直樹

芸人として最強の突き出たあごを持ち「よしもと男前ブサイクランキング」でも1位に。「キモかわいい」キャラを前面に押し出して笑いをとる。自虐ネタはすべり知らず。

へこんでいる

内向的で慎ましい生活を送る人

消極的で控えめで周りに合わせるタイプ。内向的で不安や取り越し苦労が多く、自分のポジションを見失うと、サポートしてくれる人が現れるので、その人を信頼し、甘えることが大事です。悩みは一人で抱え込まないように。

有名人で言うと…

いしだ壱成

2018年、自身三度目となる24歳年下の女優とのおめでた婚は話題になったが、派手に生きている父・石田純一とは真逆で仕事も私生活も地味め。

ほお

スターの神さまが宿るから人気運が分かる！

出っ張り

肉づきのいいほおは人気相。ほおがスッキリしている人は苦労が多い。

おうとつ

ほお骨が出ている人は社会に対して反抗的。えくぼはモテ相。

血色

ピンク色がベスト。運気がいいと白っぽく、赤くなるとトラブルが。

ほおは世間を表します。世間からどう見られているか、どう評価されているのかが分かります。ほおにはスターの神さまがいるので、下がってくると運も落ちてしまいます。リフトアップマッサージなどをして常に上げておきましょう。ほおにほくろがあると、不運を呼び込む人や足を引っ張る人など、よくない人が寄ってくることがあります。それをどうかわしながら生きていくのかが課題です。うまい話、おいしい投資話には十分に注意をしましょう。ほおは周りの人に対する気持ちも表します。ふっくらしていると他人に優しく寛容で、厳しいことはあまり言わないので、人が集まってきます。げっそりこけていると自分にも他人にも厳しく、小言を言うようになるので、人が遠ざかっていきます。ギスギスした印象になり、冷たい人だと誤解されやすくなってしまいます。反対に、ふっくらしすぎると今度はわがままで欲張りになってしまいます。アンパンマンのように、両ほおの高い位置だけがふっくらしていると、万人に愛され、多少の失敗や失言をしても憎まれませんし、嫌われないですむでしょう。えくぼがあると異性からよくモテます。ほおの肉づきがほどよくて、肌がツヤツヤしていると人から好感を持たれるので、きちんと栄養を摂《と》って、クリームなどでたっぷり保湿をするといいでしょう。

すっとしている

苦労の末に成功をつかむタイプ

忍耐強く努力家ですが、周りからの助けを受けないので苦労をします。自ら険しい道や困難な道を選びますが、厳しい中、勝ち残っていく力があります。今苦しい人もこれからチャンスが巡ってくるかもしれません。あきらめないで！

有名人で言うと…

阿部寛

人気モデルとして活躍していたが、役者に転身。当時は苦労したが、つかこうへいに芝居の基本を学び、演技派俳優となった。

ふっくらしている

万人に愛されるキャラクター

明るくて優しそうな印象を与えるので、周りからチヤホヤされ、人気者になる人。まるでアンパンマンのように大衆に愛されます。自己表現もうまいので、周りが認めてくれていい仕事も入ってくるようになります。

有名人で言うと…

小池栄子

グラビアアイドルから、演技派女優として映画やドラマに欠かせない存在に。また、バラエティや情報番組の MC としても大活躍。

ほお骨が出ている

闘争心が強くエネルギッシュ

ほお骨が出ている人は社会に対して闘争心が強く、常に戦う相手を求めていたり、問題を起こす可能性を持っています。自分を支えてくれる褒め上手なパートナーに出会えると、落ち着いてきて生活も安定します。

有名人で言うと…

安藤美姫

フィギュアスケートではオリンピックに出場するなど結果を残す。プライベートでは父親を公表せずにシングルマザーとなり世間を驚かせた。

えくぼがある

かわいくてモテモテなタイプ

かわいらしくえくぼが出る人はぶりっこタイプ。モテて人気が出ます。恋愛運はあるけれど、結婚が遠のく可能性があります。不倫にも気をつけましょう。異性は惹きつけられますが、同性には嫌われてしまう可能性もあるのでご注意を。

有名人で言うと…

吉岡里帆

「どん兵衛」のCMでのどんぎつね役をはじめ、何をしても「かわいい」と評判になってしまう小悪魔系ぶりっこで人気者に。

耳

ニュースの神さまが宿るから知性が分かる！

耳廓《じかく》

我の強さが表れます。
大きく出ている人ほど
我が強くなります。

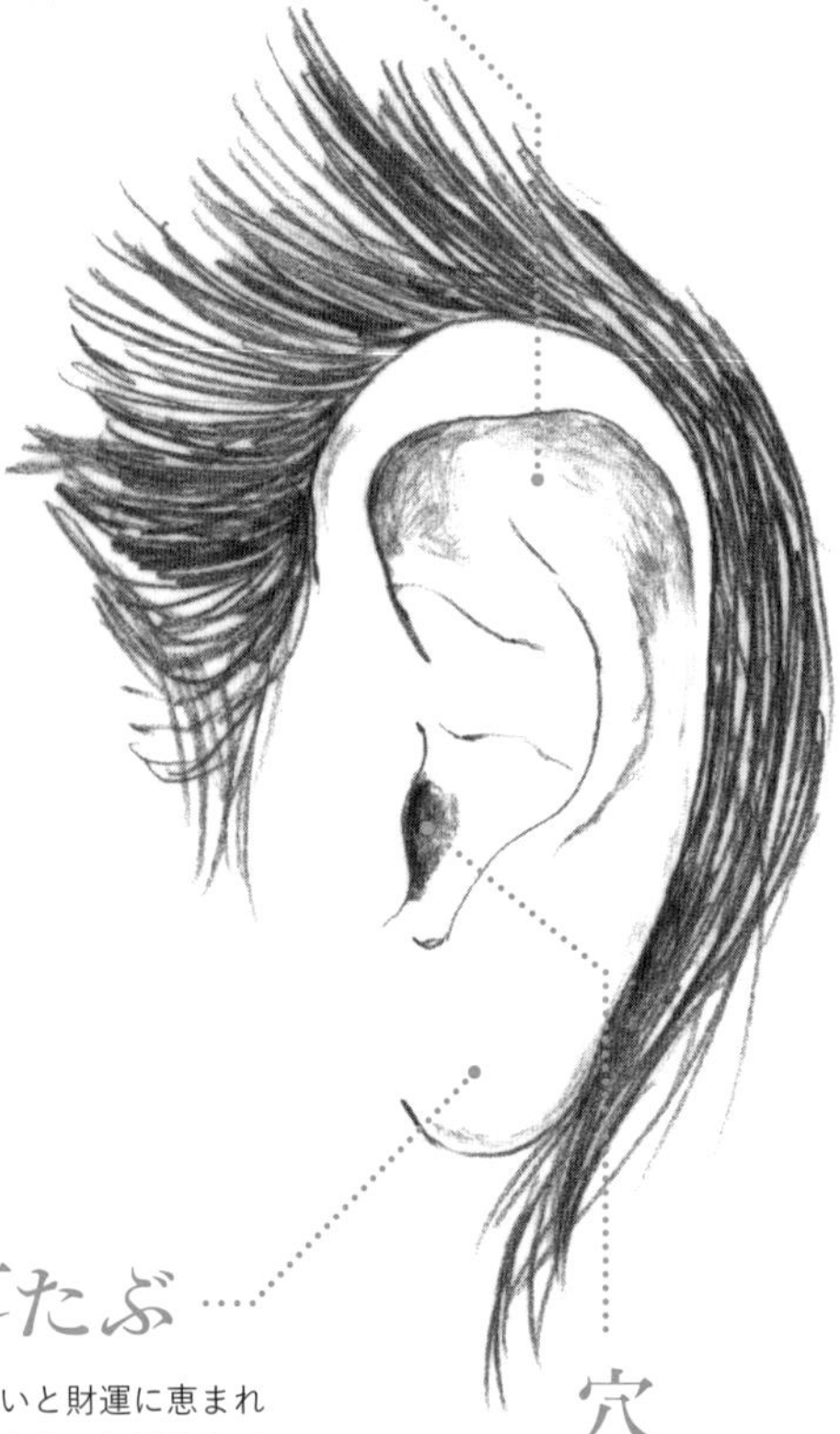

耳たぶ

大きいと財運に恵まれる。小さいと節約してやりくりをする。

穴

穴が大きい人は開放的な性格に。小さいと情熱を内に秘めている。

耳は情報をキャッチするパーツです。大きくて耳たぶが長く、全体的に肉厚な耳が理想です。自分に必要な情報を取捨選択できると耳の神さまが喜びます。人の話を聞かない人は耳が顔に張り付いていきます。政治家の人によく見られる相ですが、自分の信念を貫いて活動できる人が多いからでしょう。逆に人の話をよく聞く人の耳は、顔から離れて前のほうへ向いていきます。情報通になるので仕事での成功につながりますが、プライベートでは恋愛のときに噂話にばかり敏感になってせっかくのいいご縁を逃してしまう可能性があるので、過敏に反応しすぎないことをおすすめします。耳は大きい人ほど、自信家で何にでも果敢に挑戦していく豪快なタイプ。反対に耳が小さい人は、いろいろと考えを巡らせるがゆえに慎重になってしまうことも多いので、時には思い切って冒険してみるのもいいでしょう。でも、小心者がゆえに戦略をしっかりと立てて大胆になれ、ものすごい成果を出せる人もいます。耳たぶが大きいと金運がよく、お金儲《もう》けの情報をキャッチするのが上手なので、一財産を築きます。耳たぶが小さいと地道な努力ができる人で、倹約家傾向になります。精神世界を極めていくと耳の上の部分がとがっていきます。占い師や霊能者などに見られる相です。他の人には聞こえない天からのメッセージを耳にしているからなのでしょう。

大きい耳

器が大きく自信たっぷり

器の大きい人。自分に自信があるので、「なんとかなるさ」の精神で大胆な行動が取れます。大きな自信が必要な政治家やアスリートに多く見られます。周囲の人に信頼され、慕われることが多いでしょう。

有名人で言うと…

永山瑛太

インタビューで一つのことを成し遂げる要因として「根拠のない自信は必要」と語ったように、常に自信を持って役に向き合っている。

小さい耳

気が小さくて自信がないタイプ

自分に自信がなく小心者なので慎重になりすぎてしまう傾向があります。いろいろな方向性について検討した結果、あえて大胆な選択肢を取るよう心がけてみて。実際には能力が高いので挑戦することで運が開けます。

有名人で言うと…

小栗旬

明るく社交的でオープンな性格からか豪快で自信家なように見えるが、テレビで「俺は臆病者で小心者」と告白して周囲を驚かせた。

上についている

高い理想を追い求める人

理想が高く精神的な喜びを大切にします。若くして成功する傾向がありますが、目標を見失うと運気はダウンします。神さまからのメッセージを受け取る可能性の高い人ですが、行きすぎると別世界に入り込んでしまうので、ご注意を。

有名人で言うと…

沢尻エリカ

役に入り込む姿勢と高い演技力が評価されていたが、違法なものと知っていながら、薬物を長い間やめられなかった弱さもある。

下についている

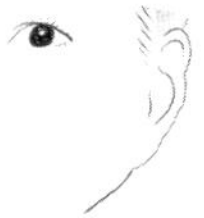

現実を見据えている大器晩成型

現実的な感覚を強く持っているので、控えめで、大器晩成型です。地に足のついたセンスのある意見を言えるので、落ち着いた印象を与えます。流行に踊らされずにしっかりと自分の価値観で判断できる人です。

有名人で言うと…

真矢ミキ

朝の情報番組のMCに抜擢された当初は意外だったが、冷静に的確なコメントを言える人、とお茶の間からは賞賛の声が多かった。

真ん中についている

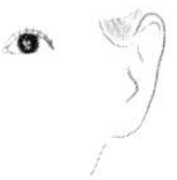

公私の切り替えが上手

とても常識的で、嫌みもなく周りを和ませてくれる人。プライベートと仕事をうまく両立できるので、ゆとりのある生活が送れます。器用貧乏にならないように、一つのことに集中するのではなく、両立させることをテーマにしましょう。

有名人で言うと…

吉永小百合

75歳になっても天使のようなかわいらしさでコンスタントに映画に出演している。私生活では毎日、何キロも水泳をして健康管理をしている。

耳たぶが大きい

お金には不自由しない大人物

いわゆる福耳で金運があり、お金に困るような生き方をしないタイプです。芸術的才能の持ち主で将来、大物になる可能性も持っています。大きな耳たぶは「お金に愛される」目印です。自分のアイデアを信じ才能を生かしましょう。

有名人で言うと…

松井秀喜

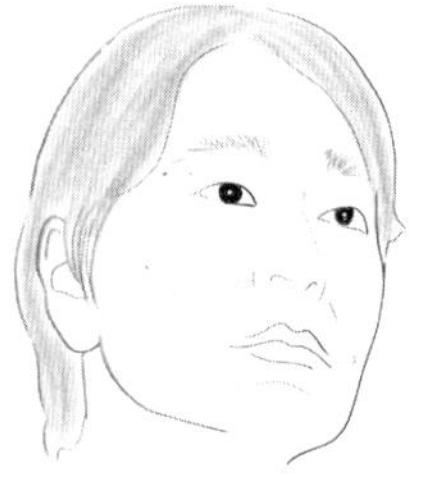

高校生ルーキーとして初の契約金1億円超えとなり、2002年、メジャーに移籍後も「ゴジラ」の愛称で12年まで活躍。世界にその名を知らしめた。

耳たぶが小さい

地道に確実に仕事をこなすタイプ

慎重で控えめな倹約家。行動力や情報収集力があり、自分を助けてくれる人が寄ってきてくれる相ですが、人を信じすぎるところがあり、信頼していた人に裏切られる可能性があるので十分に注意しましょう。判断力を鍛えるのも重要。

有名人で言うと…

菅野美穂

写真集発売を巡って出版社とトラブルが起きた過去もあるが、今は堺雅人というよき伴侶に恵まれ、2児の母となり幸せいっぱい。

とがった耳

精神世界や伝統を愛する人

精神的な世界を大切にするので、スピリチュアルが好きな人が多く見られます。神仏や宇宙の話にハマりやすく、瞑想好きです。現実的な部分を持ち合わせたほうが運が上がりますので、あまりのめり込みすぎないようにしましょう。

有名人で言うと…

鈴木亮平

世界遺産マニアとして、各国を旅している。役のためなら過激な減量や増量もいとわない、役に憑依するタイプの役者である。

丸い耳

感性を生かせる職場で本領を発揮

楽しいことが大好きで人に愛されやすいタイプ。交際費をたくさん使います。汗水たらして努力するよりも、感性で動く仕事のほうが成功します。縁の下の力持ち的存在になることや、激しく体力を使ったりすることはおすすめしません。

有名人で言うと…

高橋一生

二宮和也、岡田准一、佐藤健、……とイケメン俳優ばかりと交友があり、彼らをホームパーティーに呼んだり一緒に登山をしたりしている。

前向き

神経質で周りの意見に流されがち

人の話をよく聞く人なので、情報に敏感で噂話に流されやすいところがあります。人を気遣うタイプですが、神経質なので気にしすぎて大事なところで判断を誤ってしまうこともあります。恋人選びを間違いやすいのでご注意を。

有名人で言うと…

岡村隆史

仕事で多忙を極め、一時休養していたこともあるが、復帰後はよりパワーアップしてバラエティや映画などで活躍している。

顔にくっついている

周りに流されず自分の志を貫く人

自分の世界で生きている人。周りの人の話は聞かず、自分の思った方向へ突き進むので、周りに翻弄《ほんろう》されずに活動できます。同僚などに意見をされても、気にせず自分の信念を貫きます。自分の世界を広げるために情報収集を心がけて。

有名人で言うと…

小池百合子

頭の黒いネズミ、と表現した目上の政治家たちからのうるさい意見にも惑わされず、自分の信念を貫き、都知事としての責務を行っている。

厚い耳

周りを上手に操れるリーダー

愛情豊かで、誰にでも平等に接しようという気持ちを持っています。働き者でみんなのためにその場の雰囲気を盛り上げようとすることができるリーダータイプ。言葉巧みに周りを乗せたり操ったりすることができる人です。

有名人で言うと…

上田晋也

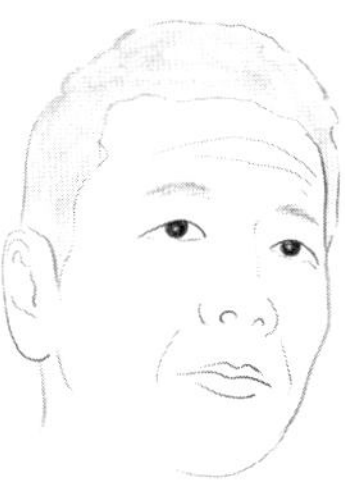

情報番組やスポーツ番組で、若手からベテランまで、容赦ないツッコミをしてその人の本質を引き出す才能のある名司会者。

薄い耳

単独で自由奔放でいたい一匹狼

冷静で物事を客観視でき、自分のことを大事に考える人。集団行動には向かず、単独行動で成果を出します。束縛されたくないので、アウトローなほうが成功します。精神的に弱い面もあるので支えてくれる存在、安心できる場所が必要。

有名人で言うと…

武井咲

ドラマやCMに大活躍していた23歳のとき、周囲の反対もあったが、TAKAHIROとの結婚を決断。出産後数か月で仕事復帰。

耳の穴が大きい

コミュニケーションの高さが武器

明朗快活でノリがいいのでコミュニケーション力が高く、周りを元気にする存在です。フットワークも軽く、多くの人と知り合って人脈を作り、いろいろな情報を入手して成功するタイプ。人付き合いが武器になります。

有名人で言うと…

ディーン・フジオカ

逆輸入俳優として大ブレイク。トーク番組では日本人離れした明るさとフレンドリーさを発揮して、ますます人気は高まるばかり。

耳の穴が小さい

マニアックな研究で成功する人

謙虚で控えめですが、一つの分野を極めることで運気が高まります。地味なことでもほかの人が持っていない知識を勉強して、自分のものにするといいでしょう。アイデアで勝負したり、周りの人を協力者にすることで成功します。

有名人で言うと…

くまだまさし

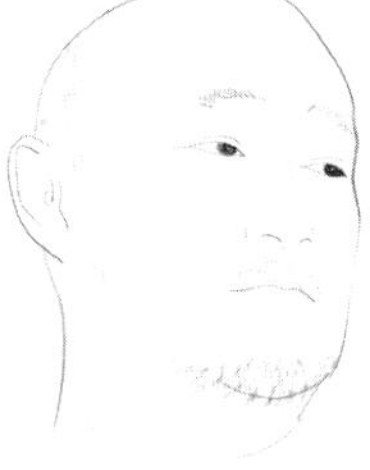

名前を言いながらサングラスを上下に動かす、というネタが海外でウケたことから「世界で通用する芸人№１」に輝いたことも。

縦長

豊富な知識を持つトークの達人

おしゃべりの天才。情報や知識を分析したり、話したりするのが大好き。好奇心旺盛で人にも興味を持っているけれど、気のないそぶりをするので、人嫌い、と誤解されてしまうことがあります。文才もあるので作家としても成功します。

有名人で言うと…

東野幸治

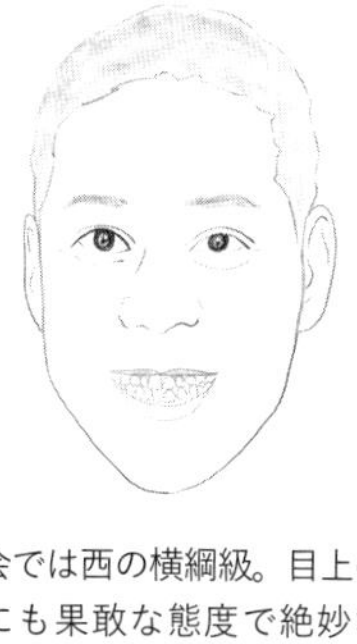

司会では西の横綱級。目上の人にも果敢な態度で絶妙なツッコミができるが、たまに出る塩対応な部分を指摘されちゃうことも。

耳廓が目立つ

感性が鋭くアートな才能を発揮

芸術性がとても高い人。性格は内向的、ナイーブ、デリケートです。テリトリーや仲間意識が強く、グループや仲間を大事にするので、友人たちからいい情報が入ってきます。感情的になりやすいので気分屋な一面もあります。

有名人で言うと…

木梨憲武

とんねるずの活動のほかに、画家としてニューヨークやロンドンでも個展を開いた。2019年はミュージシャンとしてソロデビュー。

耳廓が目立たない

忍耐強く真面目なコツコツ型

真面目で責任感が強く、計画性のある人。忍耐強く地味にコツコツと頑張れるタイプ。コミュニケーション力が低いので人間関係がうまくいかないときもありますが、個性を前面に出していけば運気は高まります。

有名人で言うと…

松田龍平

無口で感情が伝わりにくいといわれる。主演映画の舞台挨拶で監督と話がかみ合わなくなる、というハプニングで会場を沸かせた。

3章

人生も運命も顔のパーツで丸分かり

顔を見ればその人の人生や運命が分かります。過去・現在・未来における、人間関係や仕事運など、必要な運勢を顔の部位に照らし合わせ、人生のどの時期にどんなことが起こるのかを見ていきます。運勢と部位を対応させて鑑定する方法はいくつかあります。顔にほくろやニキビがある場合、色や大きさなど、どの部位にどのような状態であるのかによって占います。

顔の部位の分け方はいくつかありますが、代表的なものに「三停」があります。この方法は、顔を横に3分割して鑑定します。額から眉の下までを上停といい、幼少期から25歳までの間に「天」によってもたらされる運気を表し、そこには運を操るおでこの神さまと、出会い運を運んでくれる眉の神さまがいます。目から鼻の下までは中停といい、26歳から50歳までの「人」つまり自分によってもたらされる運気を表し、そこには目や耳、ほおの神さまがいて、あなたの成長を助けてくれます。鼻の下からの部分を下停といい、人生の土台となる「地」を表し、法令線とあごの神さまがよりよい生き方に導いてくれます。三停のうち、一番発達している部位や広い面積を占める部分が、その人の運勢のピークとなります。三停をさらに縦に細かく分けた五岳、さらに、十三部位、十二宮などの鑑定方法もあります。

ほかにも、家庭運、健康運、社会運、人間関係運、風水などを顔の部位に対応させて鑑定する方法があり、いろいろな面から運勢を見ていくことができます。例えば小人形法は、顔の中に人間がいると見立て、胃を表す鼻にニキビができたら、胃が荒れているサインと見たり、また、風水を鑑定する方法だと、鼻は寝室を表すので寝室が汚れていることを暗示していたりします。このように、鑑定法によって、一つの事象にさまざまな意味を見いだすことができます。

流年法や流月法は、ほくろがある位置によって、いつどんなことが起こるのかを年単位や月単位で鑑定でき、何歳のときにどんなアクシデントが起こるのかが分かります。

このように、鑑定法によって、気になるジャンルの運勢を見ることができます。自分の顔をよくチェックして、ほくろやシミができたら、その年やその月に何かが起こるサインなので、十分に注意をしていきましょう。

三停・五岳

一生涯の運勢を読み解く！

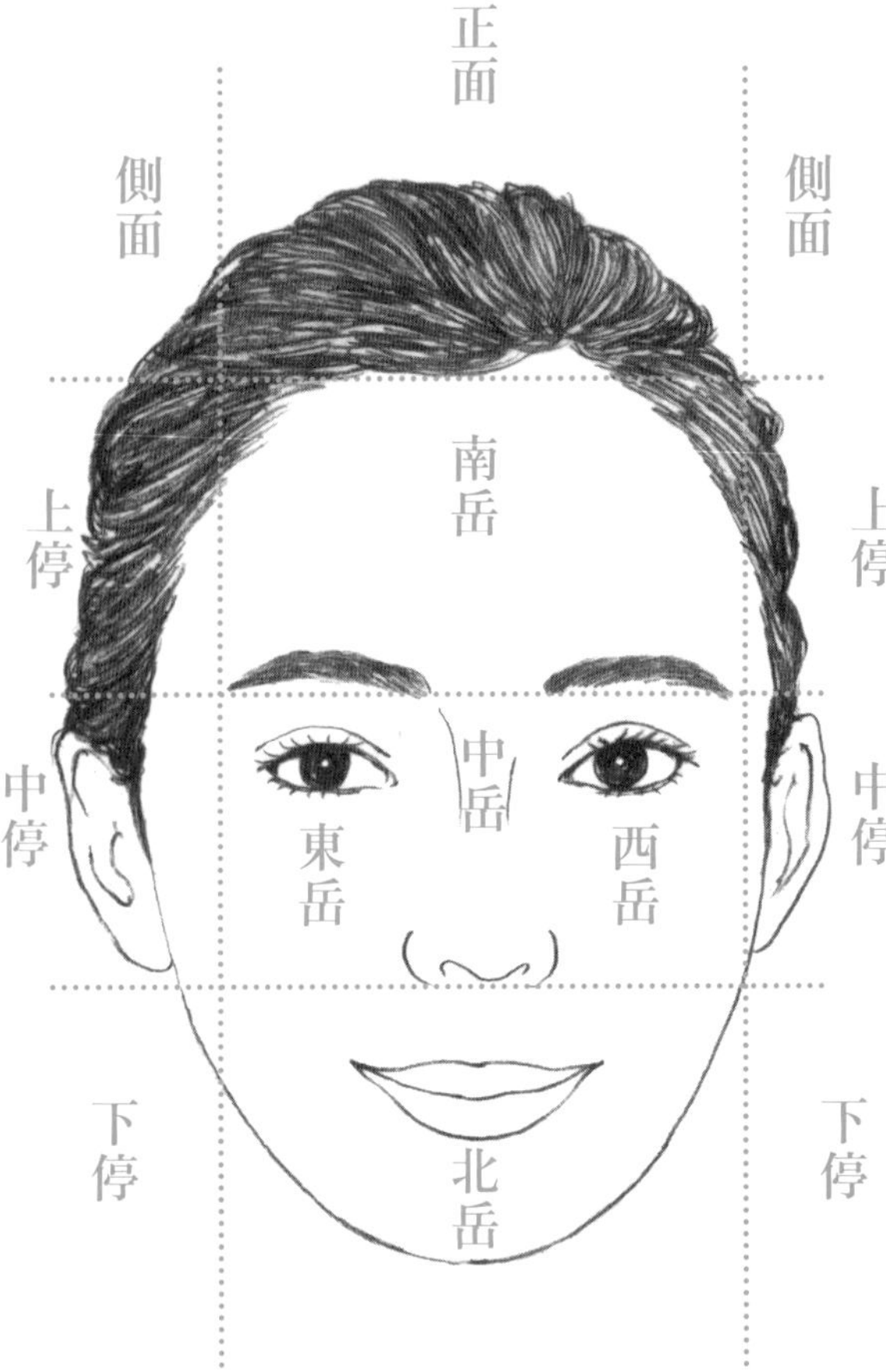

三停はその人が生まれてから死ぬまで、一生涯の運勢を読み解く方法です。顔を3つに区切り、上から下までで初年から晩年までの運勢を見ます。上停は幼少期から25歳くらいまでを表します。例えば、おでこが広い人は若くして成功し、あごが長いと晩年に充実する相です。中停は26歳から50歳くらいまでを表します。顔の中で占める面積が広い部分と対応する年齢に活躍することを表します。顔のパーツが中心に寄っている人も同様です。目から鼻の下までが長い吉田羊さんは40歳でブレイク、鼻が長い蜷川実花さんは30代からの活躍が目覚ましい人です。求心顔の有吉弘行さんは、「猿岩石」解散後、ソロ活動となり、辛口なあだなや毒舌がウケて人気が出たのが34歳のころでした。下停は51歳以降を表し、ここが極端に狭いと、晩年にトラブルが起きたり、病気に悩まされる可能性があります。

五岳は、顔を5つに区切り、肉づきや骨格を見ます。鼻を中岳、左ほおを西岳、右ほおを東岳、額を南岳、あごを北岳、といいます。男性は東岳と西岳だけが逆になります。五岳の骨格が高く、肉づきがよくバランスがよければよい相、逆にアンバランスだったり、ほくろがあるとトラブルなどに巻き込まれやすい相といえます。ここでは鼻を自分、額を目上、ほおを世間、あごを部下と見立て、各部位を見て鑑定します。

運命の動きが分かる！

十三部位

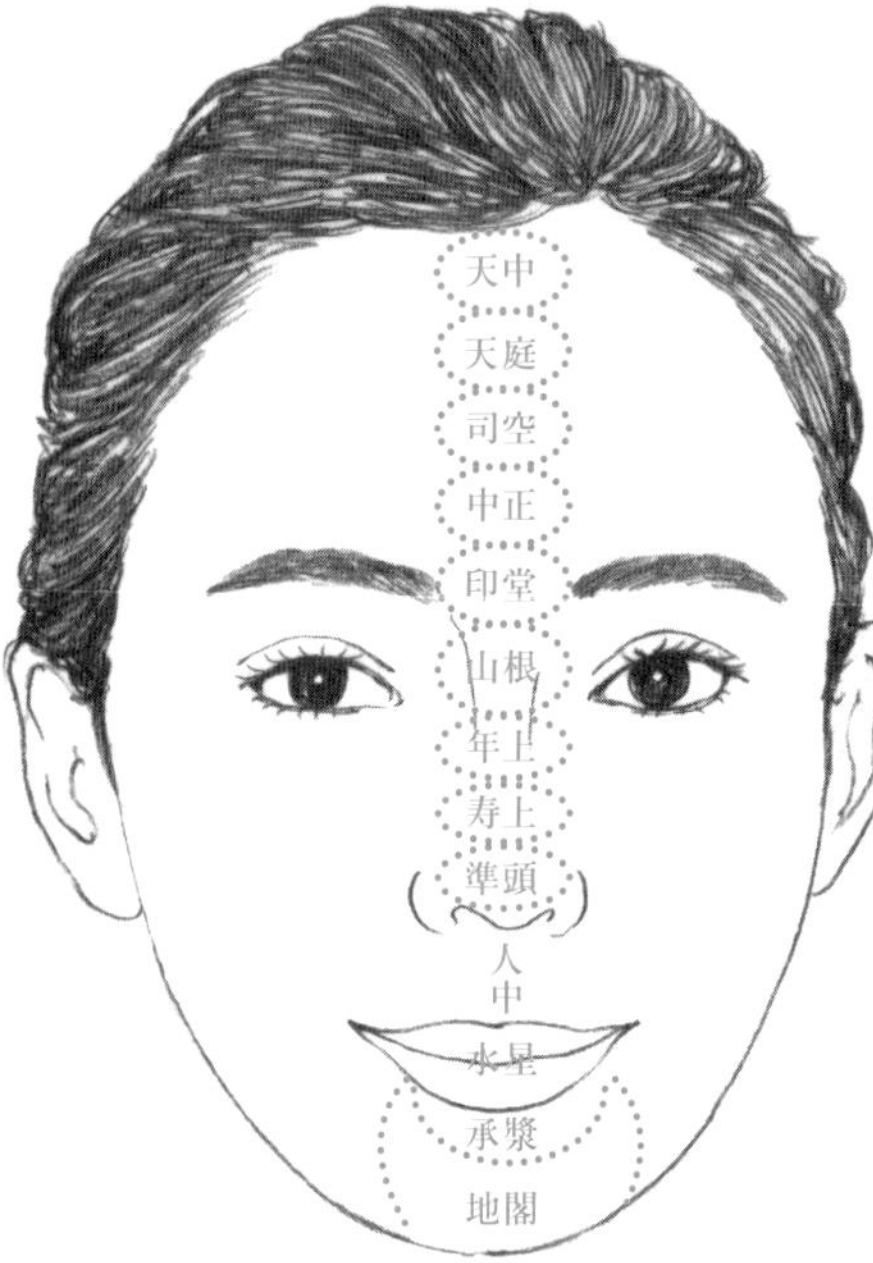

●天中《てんちゅう》：神仏や先祖。●天《てん》庭《てい》：目上の人や事柄。裁判所など。●司《し》空《くう》：公的な場所、官庁など。●中《ちゅう》正《せい》：上司など目上のこと。●印《いん》堂《どう》：自分自身の心情。●山《さん》根《こん》：トラブルや病気。職場や家庭の人間関係。●年《ねん》上《じょう》：家庭や自身の体のこと。●寿上《じゅじょう》：健康運、金運。●人《じん》中《ちゅう》：水や子供の問題。●準頭《せっとう》：お金のこと。●水《すい》星《せい》：言葉や討論。●承漿《しょうじょう》：食べ物や薬。●地《ち》閣《かく》：土地や建物。

十三部位と十二宮は、各部位にできたほくろやニキビ、出現した色によって判断する方法です。白やピンクなら吉相、灰色や黒だと凶相になります。

十二宮

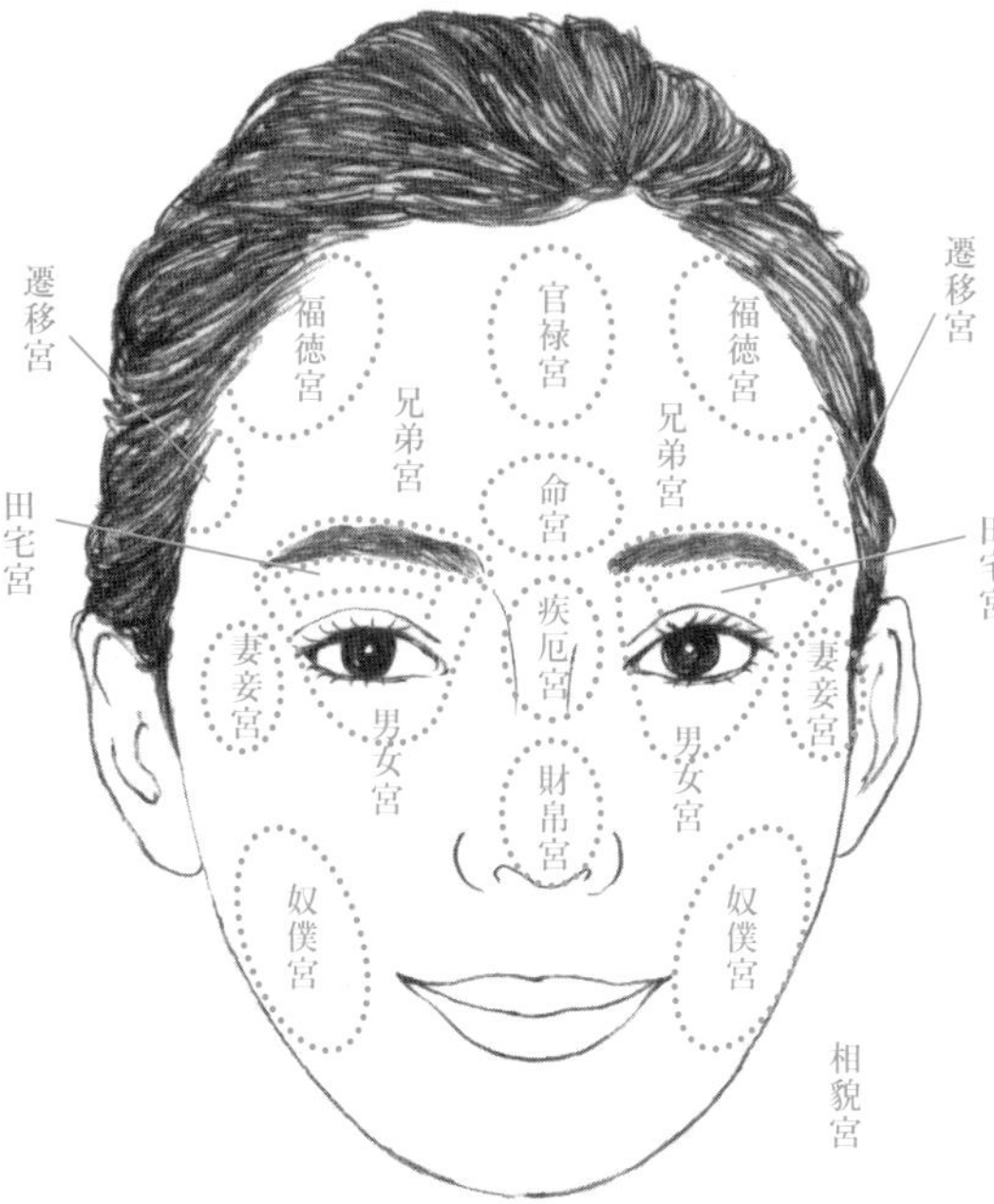

●命《めい》宮：自分自身の問題。●財帛《ざいはく》宮：お金や衣服などの家財道具。●兄弟宮：身内や血縁関係。●田宅《でんたく》宮：相続資産について。●男女宮：子供の問題について。●奴《ぬ》僕《ぼく》宮：雇人、部下、家畜、ペット。●妻妾《さいしょう》宮：妻・夫や恋人との関係。●疾厄《しつやく》宮：トラブルや病気。家庭内の問題。●遷移《せんい》宮：移動、引っ越し、旅行。●官禄《かんろく》宮：役所など公的な場所。●福《ふく》徳《とく》宮：財産の有無。●相貌《そうぼう》宮：顔全体。今の運気。

もっと細かく見る顔の部位と運命の動き

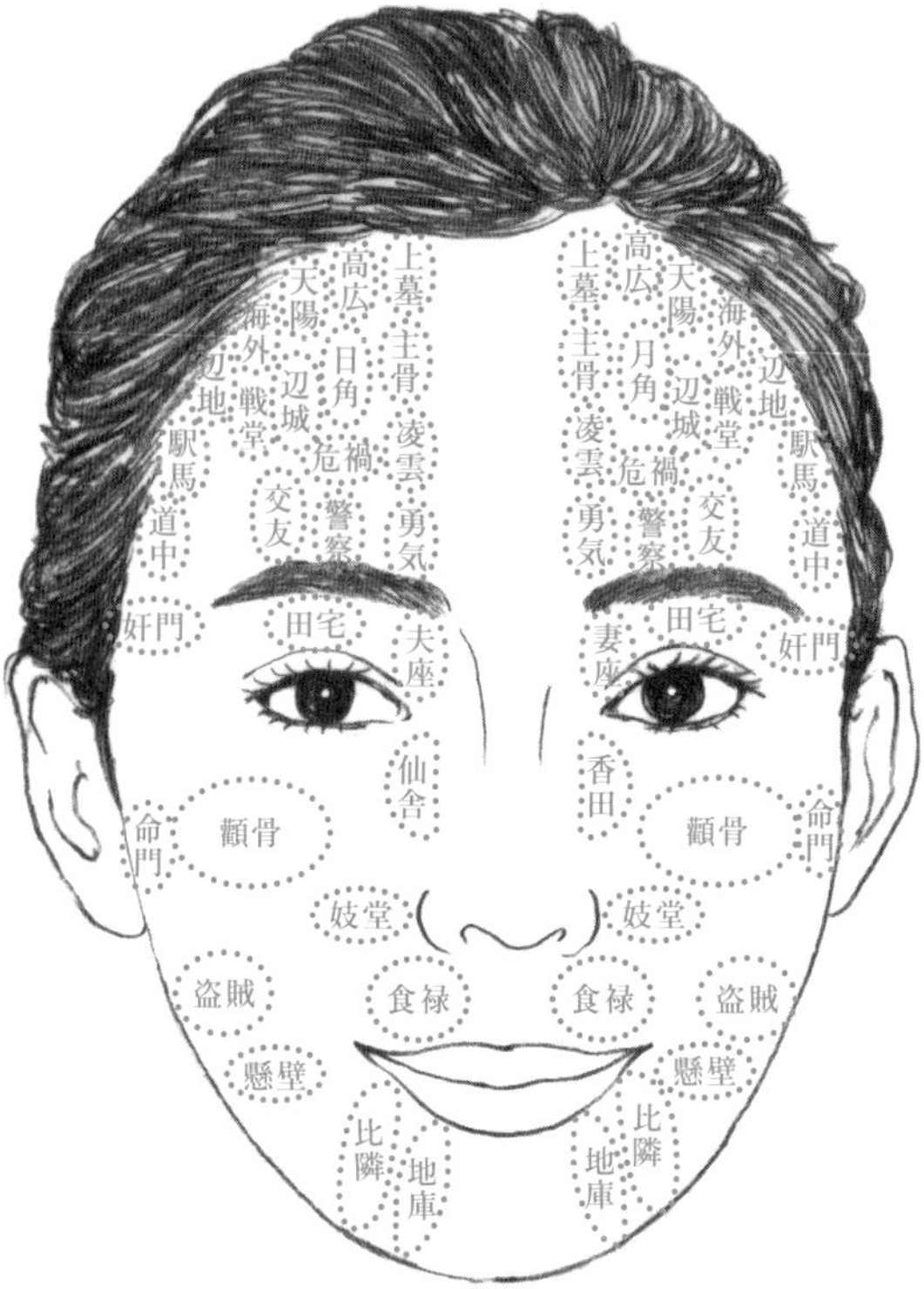

ここでは、十三部位、十二宮以外の重要な部位を見ていきます（十三部位、十二宮の解説はP152〜153参照）。この部分が白く光っていたりピンク色になると嬉しい出来事が起きますが、紫がかったり、灰色や黒ずんでいる色だとよくない問題が起こる暗示です。

●上墓《じょうぼ》：神仏や先祖。●高広《こうこう》：思いがけない出来事。●天陽：遠方との関わり。●海外：海外との交易。●辺地《へんち》：遠方、故郷。引っ越しや転勤など。●駅馬《えきば》：引っ越し、旅行。●道中《どうちゅう》：移動の手段。電車、飛行機。●奸門《かんもん》：異性との恋愛。●命門《めいもん》：体調を表す。●盗賊《とうぞく》：財産を盗まれる。●懸壁《けんぺき》：急な事故や災難。●比隣《ひりん》：ご近所。●地庫《ちこ》：住まい。●食禄《しょくろく》：衣食住に関すること。●妓堂《ぎどう》：人気運。●仙舎《せんしゃ》：家財道具。●香田《こうでん》：家電。●顴骨《けんこつ》：世間からの評価、社会との関わり方。●妻座《さいざ》：夫婦の夜の営み。●夫座《ふざ》：パートナーとの相性。●田宅：遺産、不動産。●勇気：勇気、バイタリティ。●警察：警察のお世話になる。●交友：友人との問題。●危禍：思いもしないトラブル。●凌雲《りょううん》：突発的な問題。●戦堂《せんどう》：人間関係のもつれ、言い争い。●月角《げつかく》（女性は左、男性は右）：母親との関係。●日角（女性は右、男性は左）：父親との関係。●主骨《しゅこつ》：オーナー、上司、目上の人。主人。●辺城：社会での立ち振る舞い方。

顔の部位で気になる運勢を見る

1 顔で見る健康運

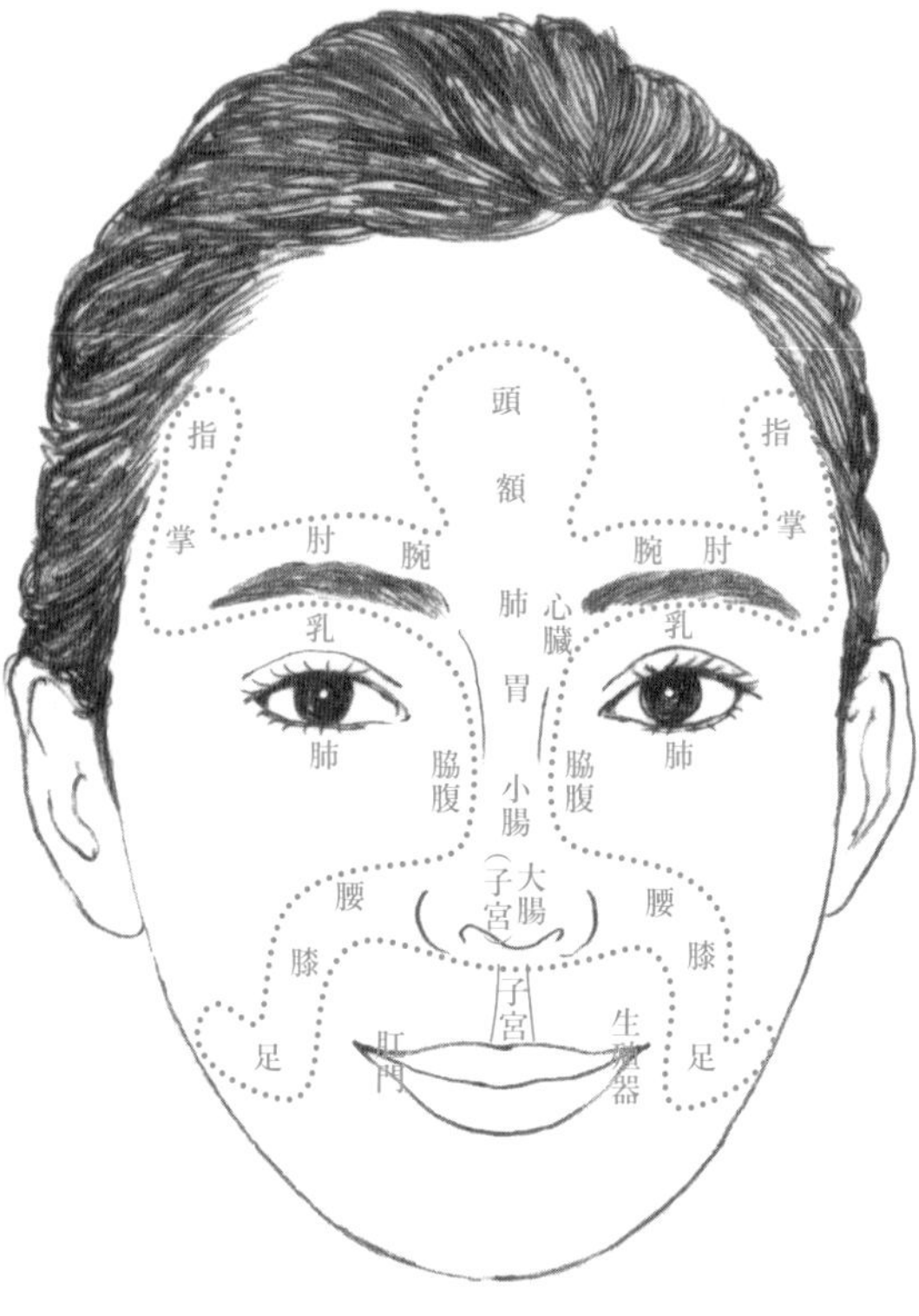

顔の部位と人の体を対応させる考え方。眉を腕、おでこの中央を頭などと対応させます。ピンク色になるとその部位の体調がよくなり、黒、灰色、紫色が出るとその部位に注意が必要になります。ほくろがある部位は、元々、その対応する体の部位が弱い可能性が高く、ニキビやシミができるとその部位の一時的な不調のサインとなります。

●頭・額：ピンク色なら、頭が冴えていいアイデアが出る。黒ずんでいると頭痛や脳《のう》梗塞《こうそく》の可能性も。●肺・胸・心臓：喘息《ぜんそく》や気管支炎などに注意。●胃・十二指腸・肝臓・脇腹：胃痛、盲腸炎、消化器系の病気。ストレス過多など。●下腹部・小腸：腹痛の恐れあり、食べすぎ注意。●大腸・直腸・肛門・子宮：痔や子宮筋腫。鼻の頭が赤くなったら性病に注意。●腰・股・睾丸・生殖器：腰痛、性病に注意。●産道・子宮・生殖器：ピンク色になると妊娠、出産。赤くなると生理不順や排卵の異常が出る。●股関節・足：捻挫《ねんざ》、骨折、ケガにご用心。●腕・肘：腕のケガに注意。●肘・掌・指：突き指、やけどに注意を。●胴体・男性器：鼻が光ってツヤツヤしていれば健康体。黒ずんでいたら検査に行って。●肺・乳・脇腹：目の下のクマが赤くなったら呼吸器系に注意。●肺：黒っぽくなったら肺の病気の疑いあり。

2 顔で見る風水

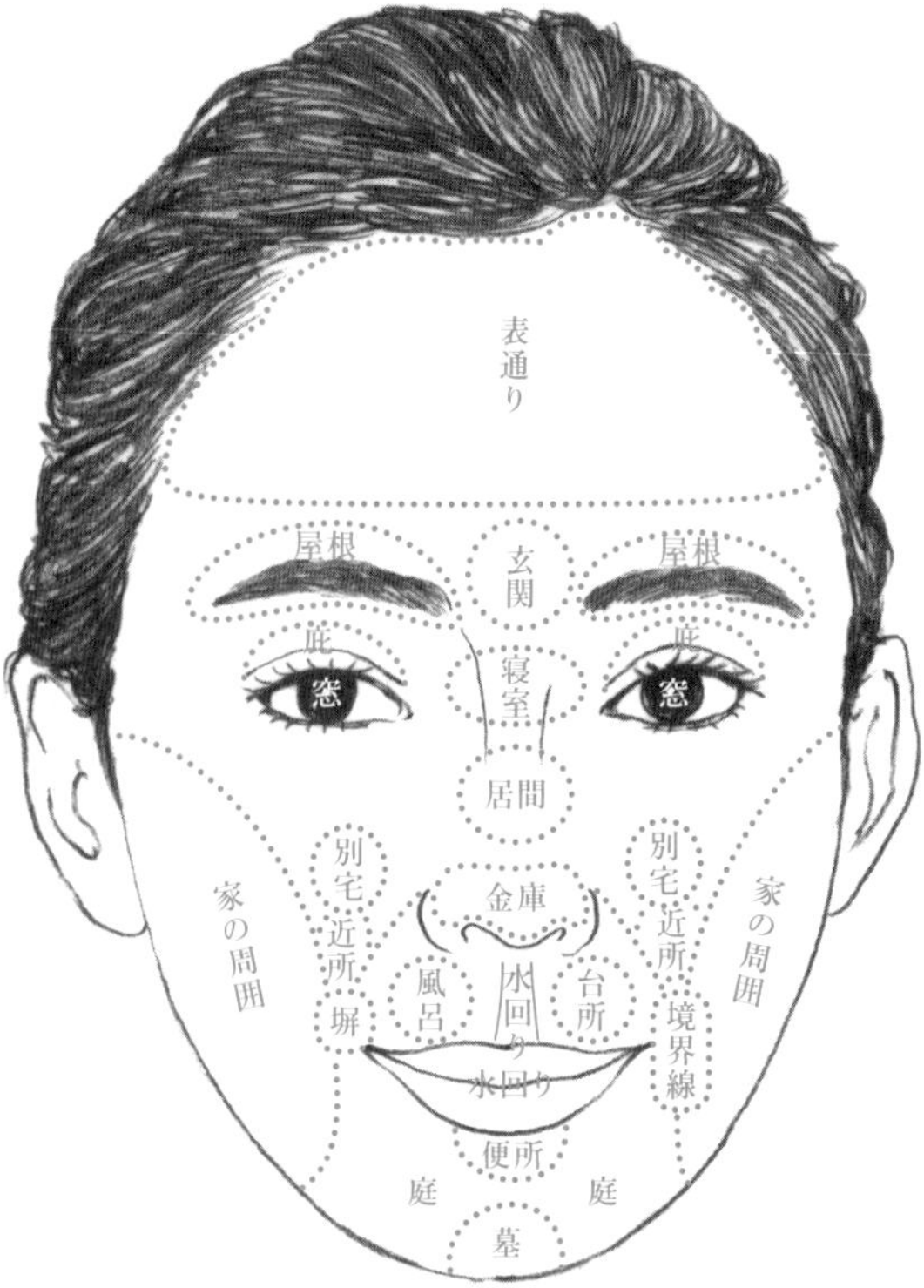
表通り
屋根
玄関
屋根
庭
庭
寝室
窓
窓
居間
別宅
近所
家の周囲
金庫
別宅
近所
家の周囲
風呂
水回り
台所
塀
境界線
水回り
便所
庭
庭
墓

顔の中に風水があり、部位ごとに運を呼び込む環境が異なります。白く光ったり、ピンク色になったりすると、その場所に関するいい出来事が起こりますが、灰色や黒色になってしまうと、トラブルが起こる暗示です。

●額（表通り）：住まいの近くの大通りに関すること。●側面（家の周囲）：住んでいる土地の環境問題。●あご（庭・墓）：家屋、庭など。住まいについて。●法令線（塀・境界線）：家と外との境界線でのできごと。ニキビができると水漏れなどのトラブルに注意。●口（水回り）：トイレや風呂の故障。●左右の鼻の下（台所・風呂）：キッチンでの火の不始末がないよう確認を。●鼻の頭（金庫）：金庫のカギのかけ忘れにご用心。●眉間（玄関）：黒ずんでいると押し売りや、セールスにしつこくされるかも。●山根（寝室）：寝たばこに注意。睡眠障害、寝つきの悪さ。金縛りにあう。●目（窓）：結露でカビが生えてしまう。●まつ毛（庇《ひさし》）：庇に鳥の糞《ふん》が溜まっているかも。●鼻の脇・左（別宅）：愛人との関係。●鼻の脇・右（別宅）：近隣トラブル。騒音問題など。●眉（屋根）：台風で屋根が壊れそうになる予感。●口の下（便所）：トイレの詰まりにご用心。

3

顔で見る家庭運

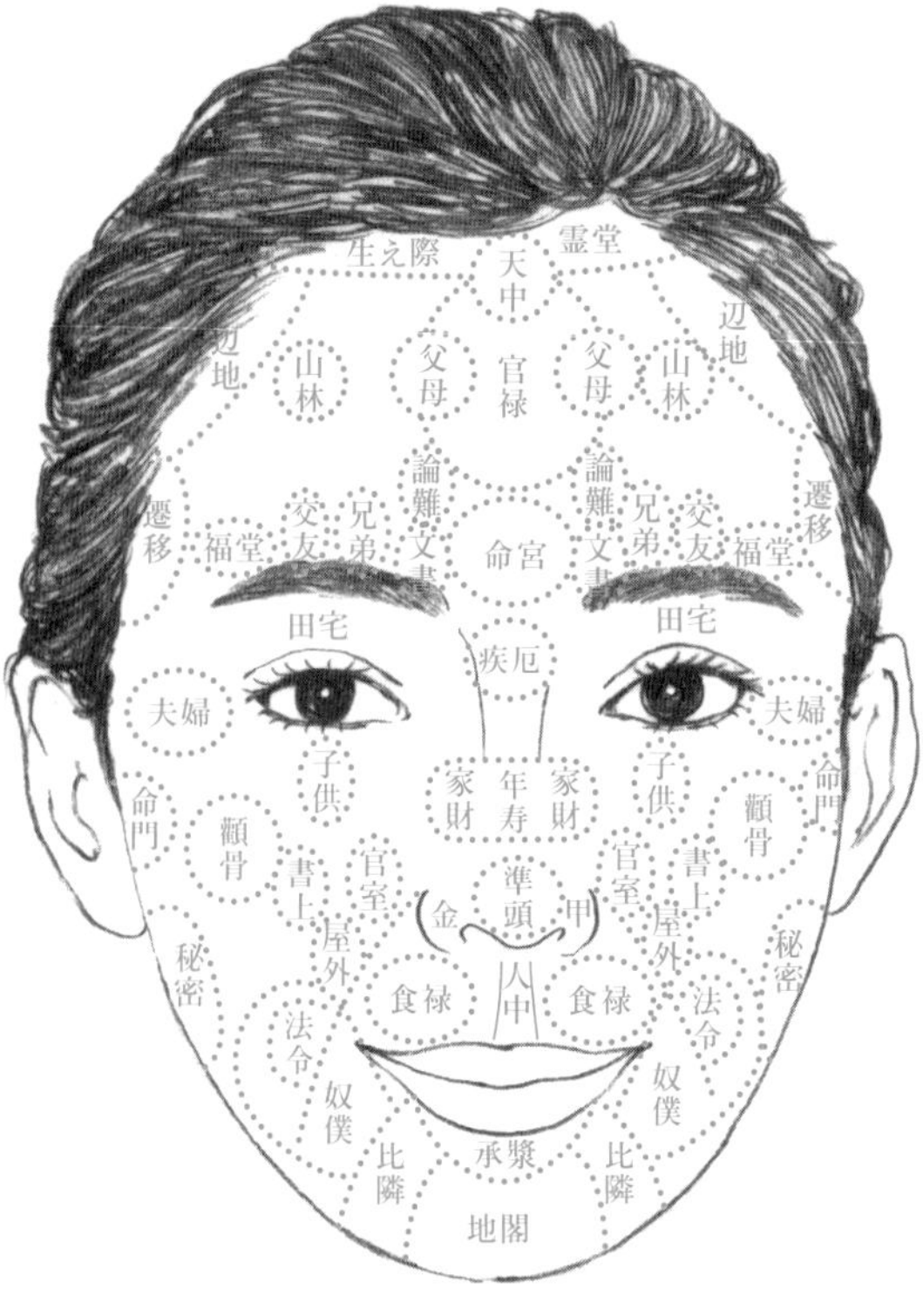
霊堂
生え際
天中
辺地
山林
父母
官禄
論難文書
遷移
福堂
交友
兄弟
命宮
田宅
疾厄
夫婦
子供
家財
年寿
命門
顴骨
書上
官室
準頭
金
甲
屋外
秘密
食禄
人中
法令
奴僕
比隣
承漿
地閣

●生え際：先祖からの恩恵。●霊堂：霊的なトラブル・霊的な力を発揮。●天中：神仏、強運、幸運。●官禄：目上の存在。役所、裁判所など。●父母：父母、祖父母。●辺地：故郷、海外、旅行、転勤。●山林《さんりん》：土地・物件、所有物。仕事のオファー。●遷移：旅行、移動手段。引っ越し。●福堂：遺産、財運、才能、アイデア。●文書：結婚・離婚届け。遺言書。●命宮：自分自身の問題。●兄弟：兄弟に関わること。コミュニケーション。●交友：友人に関わること。出会い運。●論難：言い争う。家庭でもめる。●疾厄：病気、不運、家庭運。●田宅：土地・不動産。世襲財産。●夫婦：夫婦の関係、浮気などの問題。●子供：男児のこと。女児のこと。●年寿：健康運、金運、家庭。●準頭・金甲：収入や自分について。●家財：家財道具、電化製品。●顴骨：世間、友人、仲間、ライバル。●書上：文書、保険、保証書。●命門：健康運、隠し事や秘密など。●秘密：人には言えないことがある。●法令：仕事運。●奴僕：雇人、部下、ペット。●官室：別宅、別荘。●屋外：家の外、隣近所。●食禄：衣食住に関わること。●目：自分自身の運勢。●法令線：家と社会の境界線。●耳：金運、健康運、愛情運。

4

顔で見る社会運

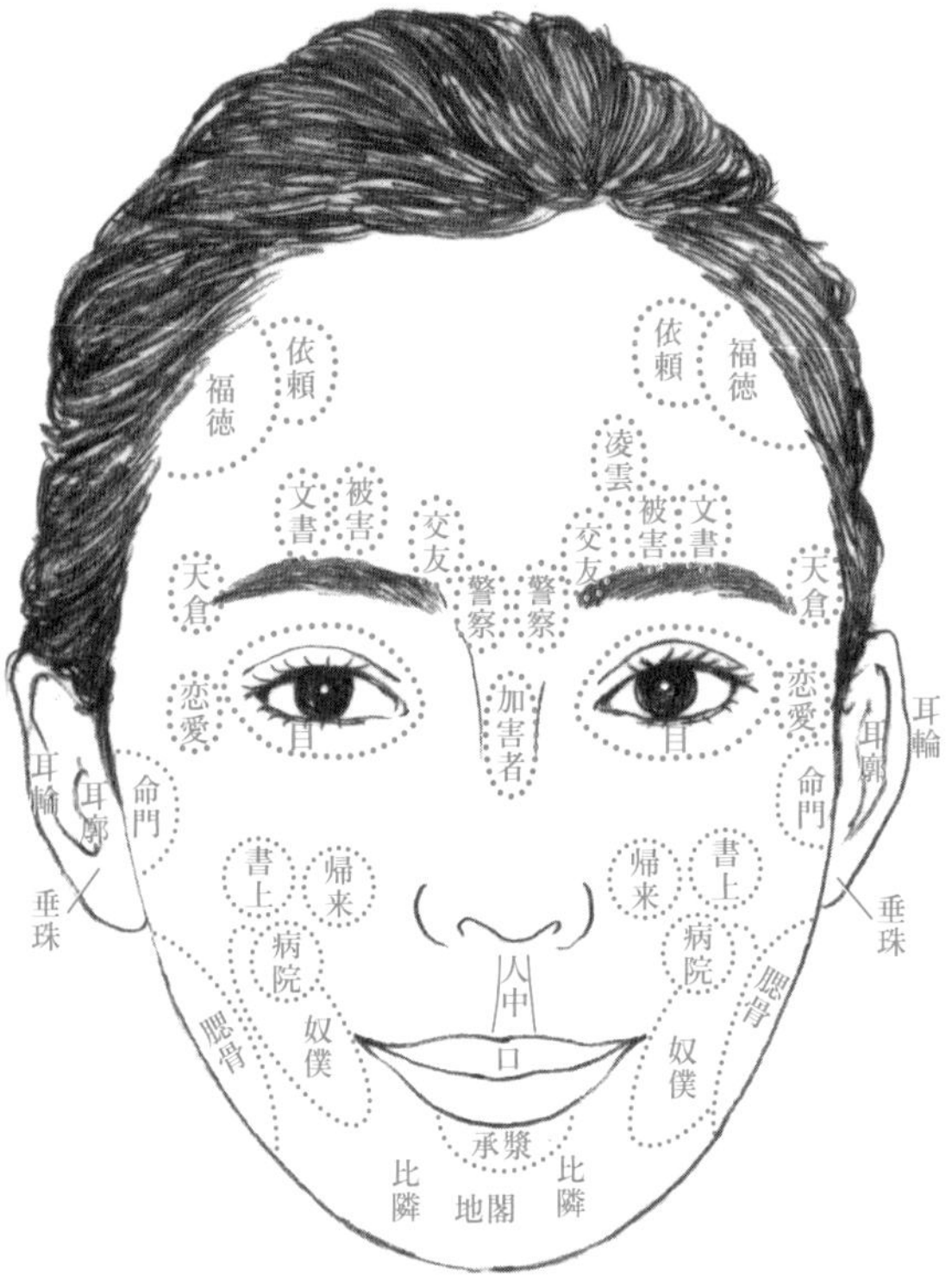

福徳
依頼
依頼
福徳
凌雲
文書
被害
交友
交友
被害
文書
天倉
警察
警察
天倉
恋愛
目
加害者
目
恋愛
耳輪
耳廓
命門
耳廓
耳輪
命門
書上
帰来
帰来
書上
垂珠
垂珠
病院
病院
人中
腮骨
腮骨
奴僕
口
奴僕
承漿
比隣
地閣
比隣

社会で起こるさまざまな出来事が顔の中に現れることがあります。その部分が白く光っていたり、ピンク色になると幸せな出来事が起こります。紫がかっていたり、灰色や黒っぽい色だと問題が起こる前触れかもしれません。その部位にほくろがあると人生を通じての注意点を表します。ニキビや吹き出物などができたら、一時的な問題が起こります。

●依頼：白く光れば仕事のオファーが来る暗示。紫がかっていると進行中の企画が中止になる前触れかも。●福徳：精神的な支え。●天倉：書類に関すること。●恋愛：恋愛問題。●命門：遠距離、転勤、留学など。●耳輪：社会に対する不満。自己表現。人との接し方。●耳廓：自分らしさ。●垂珠：お金にかかわること。美的センス、芸術性。●帰来：引っ越し、住む場所が変わる。●書上：保証書、保険に関すること。●腮骨《さいこつ》：仕事でのミス、隠し事、秘密。ピンク色になれば嬉しい秘め事。灰色っぽくくすむと秘密がばれてしまいそう。●病院：病院にお世話になる。●奴僕：部下、従業員。労働意欲。雇用問題。●人中：水や子供に関すること。●日：自分の今の運勢。●口：言い争う。一言多い。毒舌。正義感。水回りのトラブル。●承漿：食べ物、薬。●比隣：近隣問題。●地閣：水難にあう。●加害者：事故や犯罪。●警察：警察のお世話になる。●交友：友人関係、出会い。●被害：事故・事件。●凌雲：横やりが入る。

5 顔で見る人間関係運

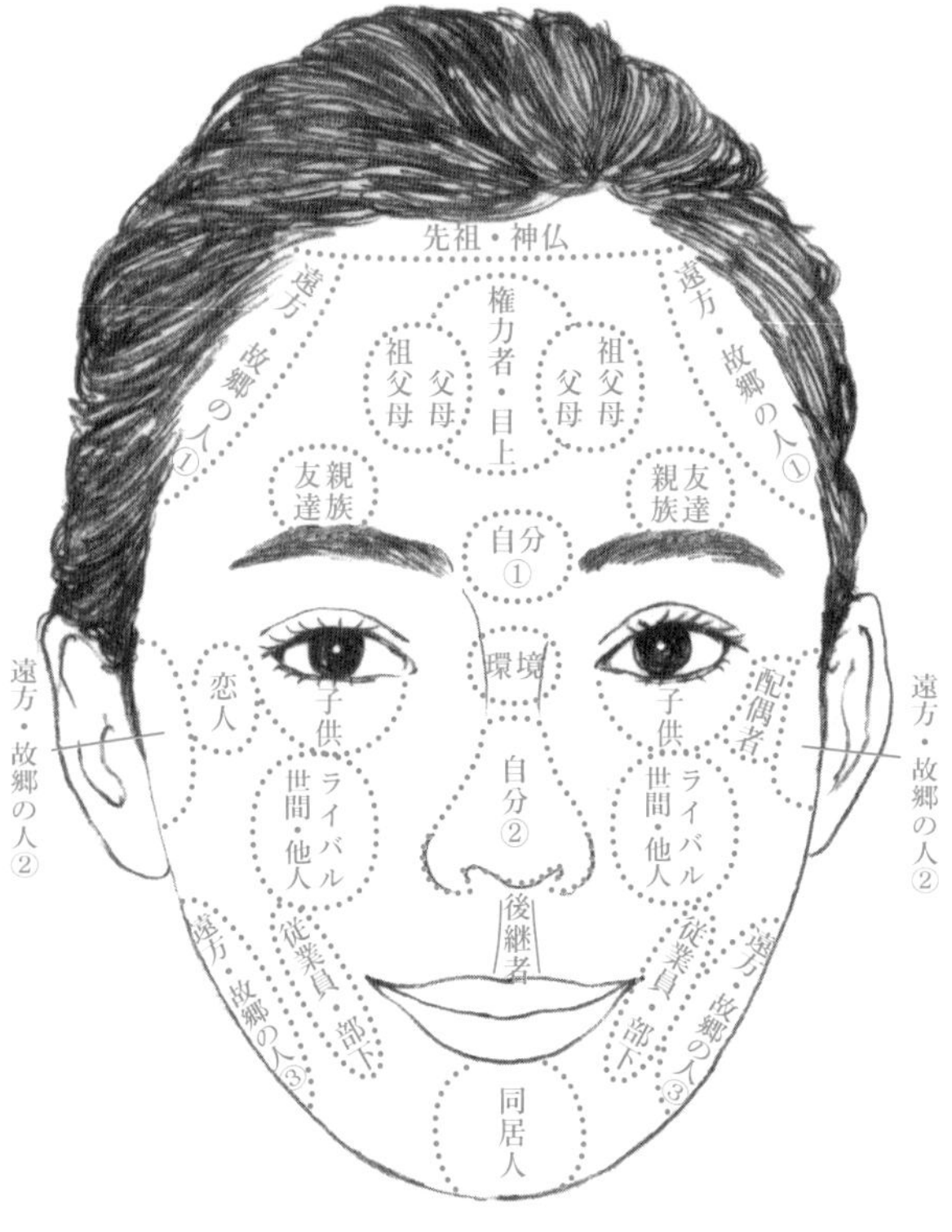
先祖・神仏
遠方・故郷の人①
権力者・目上
祖父母
父母
祖父母
父母
遠方・故郷の人①
親族
友達
友達
親族
自分①
環境
恋人
子供
子供
配偶者
遠方・故郷の人②
遠方・故郷の人②
世間・他人
ライバル
自分②
ライバル
世間・他人
後継者
遠方・故郷の人③
従業員・部下
従業員・部下
遠方・故郷の人③
同居人

これらの場所にほくろがあると、その事柄や人物との関係が深くなったり、何か重要なことがある暗示です。ニキビや吹き出物ができると一時的な問題が起こることがあります。●先祖・神仏：神仏、先祖。先祖からの恩恵を表す。光っているとチャンス到来。●遠方・故郷の人①：生まれ育った場所から離れて何かをする運気。転職、海外留学。●友達・親族：身近な人とのコミュニケーション。家族との関係を表したり、グループやチームでの運気。●権力者・目上：自分より地位のある人との関係。目上、上司、権力者。ニキビができると規則や決まり事へのストレスを抱えている可能性あり。●祖父母・父母：祖父母や父母との関係。●遠方・故郷の人②：遠距離恋愛など恋人との関係。国際結婚。●自分①：自分自身の運。●環境：家族、身近な存在。●配偶者：パートナーとの関係。●恋人：恋人との関係。●子供：目の下は性的パワーを表すので子供ができやすい。●自分②：自分自身の性格。自分の力が出しきれなくて悩むとニキビができる。●世間・他人・ライバル：兄弟間での争い。●後継者：後継者。跡継ぎ、弟子など。●従業員・部下：自分より下の存在。●遠方・故郷の人③：引っ越してきた住人とのトラブル。隣人の騒音問題など。●同居人：シェアハウスに住んだり、全寮制の学校に入学したりする。

顔で見る吉凶のタイミング

流年法

その年齢のときに起こることを表します。そこにニキビやシミができたりするとよくないことが、元々あるほくろだとよいことが起こります。

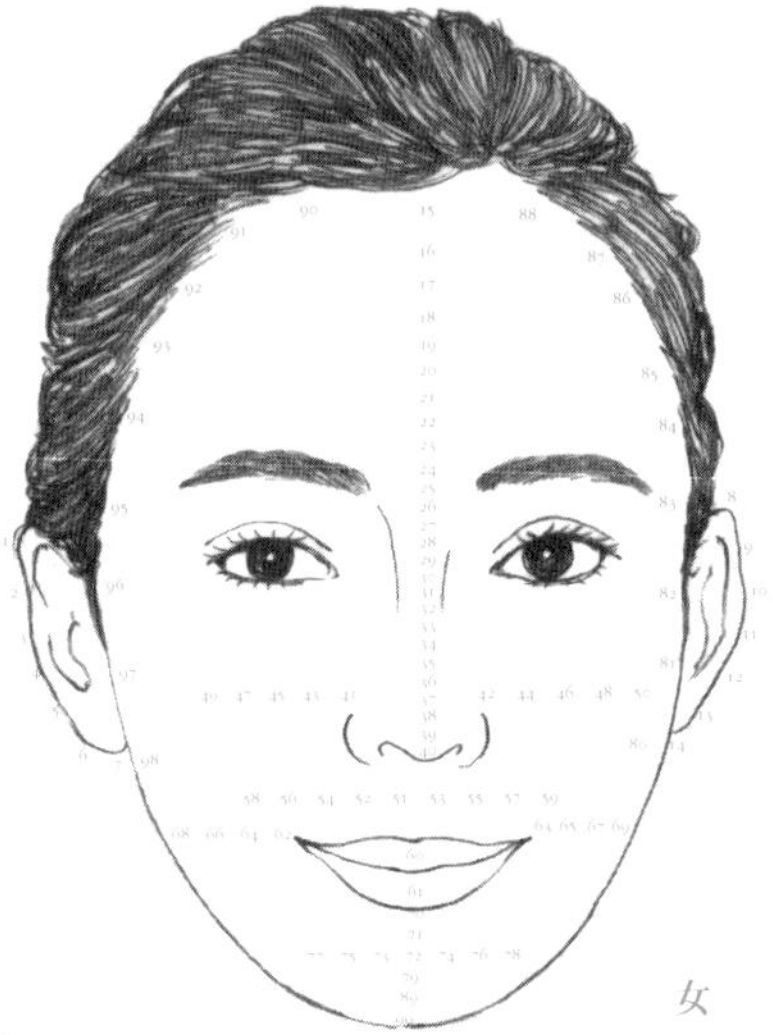

女

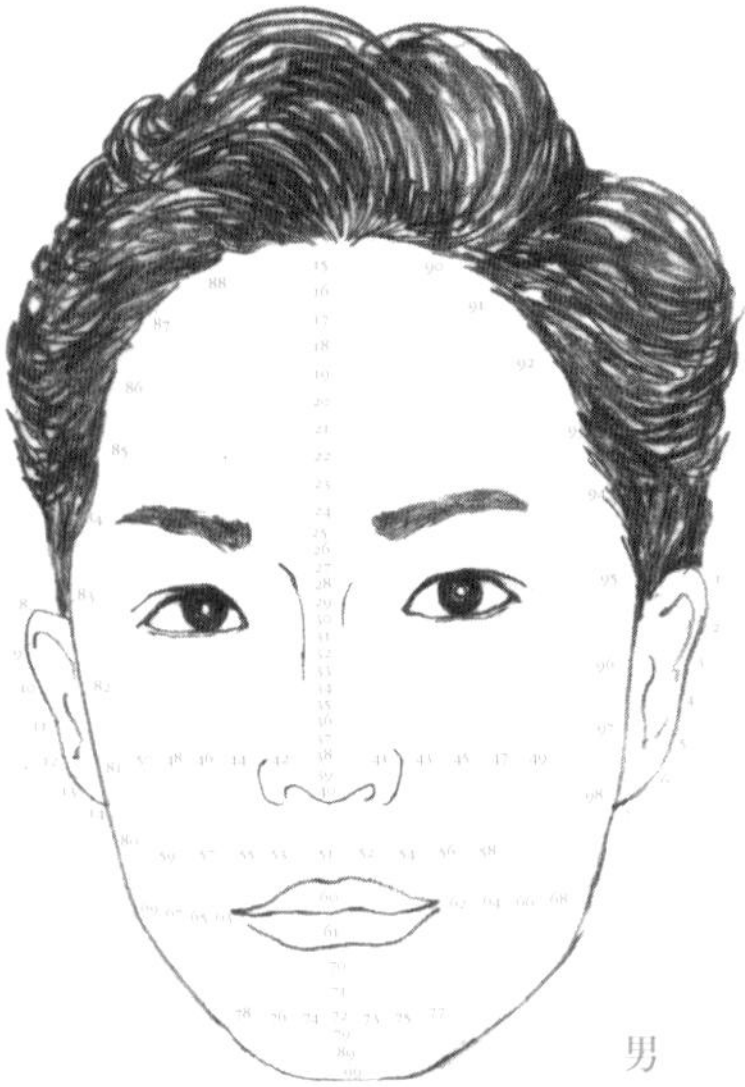

男

男性の年齢は、女性とは左右が逆に流れていきます。その歳のところにホクロやしみができたりするとトラブルが起こる可能性があります。

流月法

何月に何が起こるのかを見ます。二月のところにシミがある女性が、毎年二月に仕事で大変な思いをされているということがありました。こちらも男女は逆に。

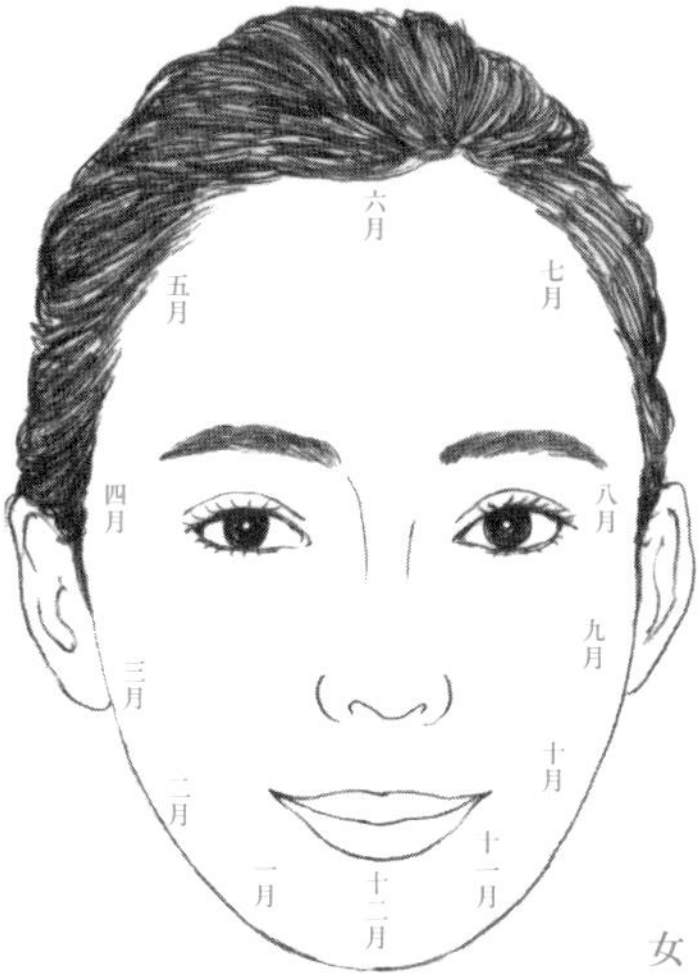

女

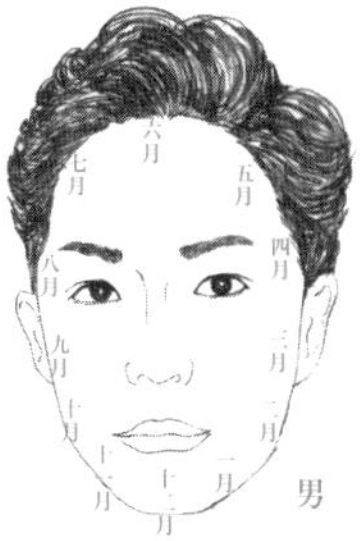

男

飛流月法

過去の運気を見ます。鼻の頭にニキビや吹き出物ができたときは、三月にトラブルが起きていたことを表します。男女共通です。

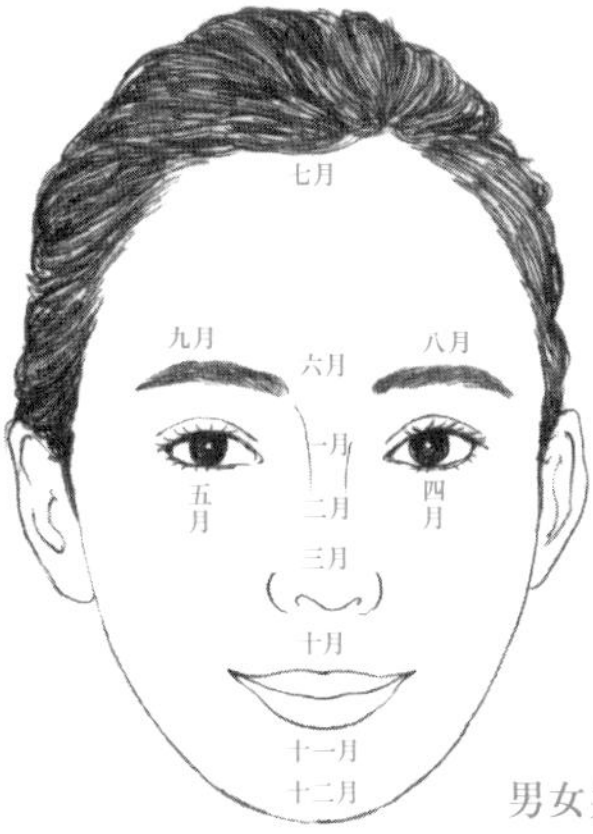

男女共通

方角法

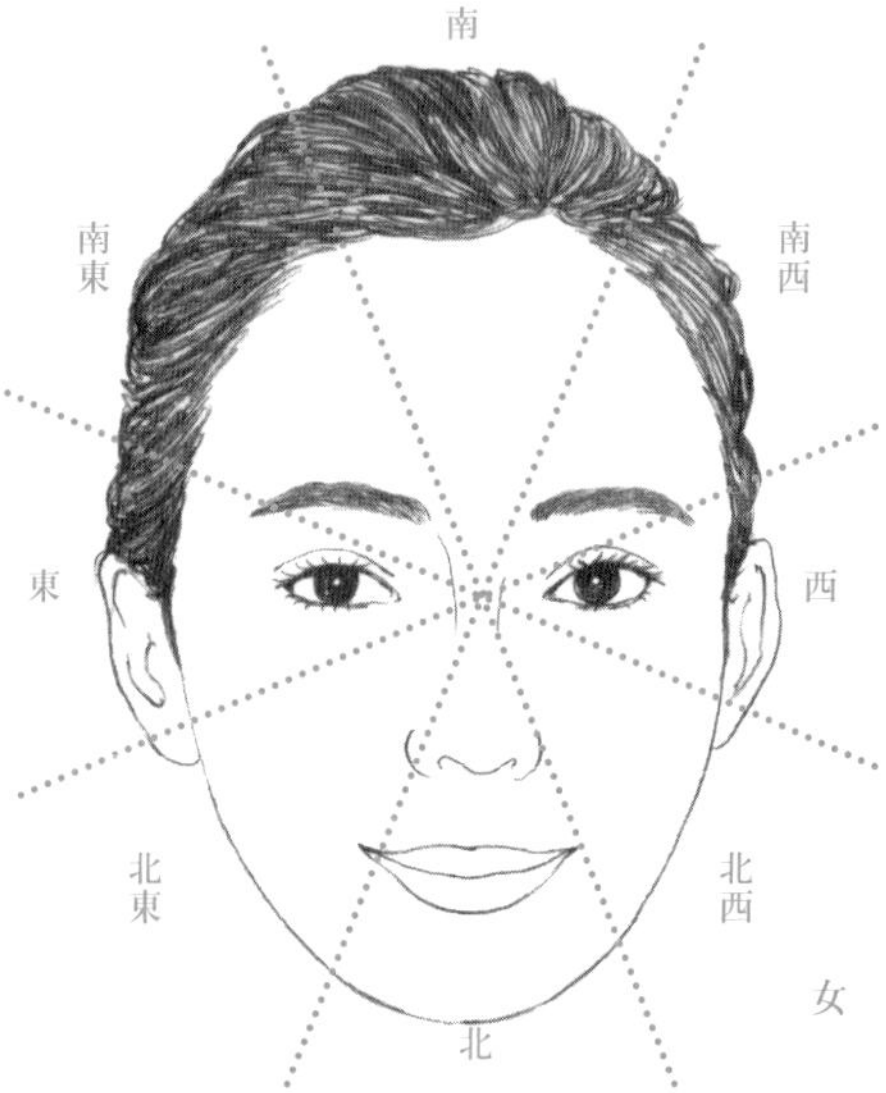

左目のまわり、西の部分にニキビやシミができたら、家の住まいの西側の人とのトラブル、西への旅行先で何かが起こる暗示かもしれません。

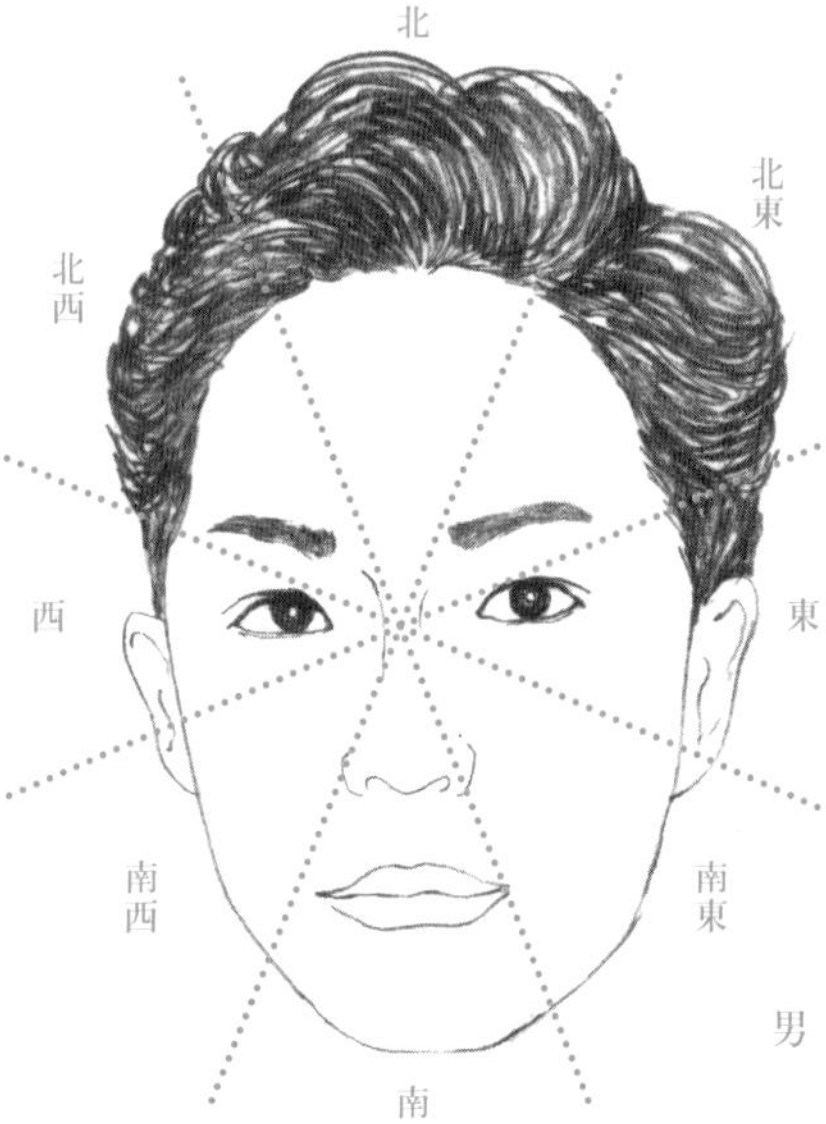

男性は、女性とは逆側になります。左目のまわりにニキビなどができたら、東への旅行でトラブルが起こる可能性があります。

ほくろやシミの位置で運勢を見る！

ある女性の話ですが、30歳のころ、眉尻の奸門《かんもん》（異性との問題を表すところ）にシミができてしまい、それ以降、遊び人やDV、超マザコンなど、付き合う人に次々と問題が発覚してしまい、誰とも結婚にこぎつけられなかったといいます。そこで素敵なパートナーと出会えることを願って、思い切ってレーザーでシミを取ることをおすすめしました。また、流月法で見る二月の部分、エラのところにシミがある編集者は、毎年、二月に締め切りに追われていて、へとへとに疲れてしまう時期なんだとか。

目の下の涙堂、人間関係運で見る子供の部分（性的エネルギーを表し、子供ができやすい相としてもとれます）がすごくぷっくりしている男性がいます。彼は男女ともにとても好かれる人気者ですが、特に女性関係が華やかで性的エネルギーが旺盛な人なんです。常にきれいな女性と飲み歩いています。ビッグダディの林下清志さんも涙堂がかなりぷっくりしていますよね。やはり、子供ができやすい体質なのですね。もしくは性的エネルギーが旺盛なのでしょう。

人生を左右する「ほくろ占い」

ほくろには種類があり、生まれたときからあるほくろと、ある程度年齢を重ねてからできるほくろのほか、黒くて発色のいい生きぼくろ、くすんでいてカサカサになっている死にぼくろがあります。元々あるほくろはその人にとって、大きな人生のテーマになっています。生きていく中でできたほくろは心の葛藤を表します。生きぼくろはよいことが起こり、死にぼくろは問題発生となる可能性が高いのですが、できた場所の意味が自分で分かると、その後は楽に生きていくことができます。27歳のときに、鼻の右脇にほくろができた女性がいました。お年ごろだし、大きめのほくろだったので、彼女は嫌がって、自分で取ってしまいました。でもその後、そのほくろがサポートぼくろだと知りました。ほくろのあるときは包容力のある男性に守られていたのですが、取ってしまったせいかその男性とは別れてしまいました。ほくろの意味を知っていたら、今ごろ幸せになっていたのかもしれません。千昌夫さんも、ホテル業で稼いでいたときまでは、額の仕事運を表すところに大きなほくろがありましたが、経営が傾いてきたころには、ほくろがはがれはじめていたそうです。その後、倒産に追い込まれたころには時を同じくしてほくろも取れてしまったようです。ほくろは警告していたのかもしれません。

顔いっぱいにほくろがある人は、一見、明るそうに見えても、陰ではいろいろ考え込んでいる人です。いろいろな問題を抱えていたりしてナーバスになっているのかもしれません。逆に顔に一つもほくろがない人は、悩み事があまりない人が多いので、屈託のない明るい性格になります。ほおにほくろのある人は、隠し事があったり、秘密を持っている人が多く見受けられます。女優の深津絵里さんにも、ほおに大きめのほくろがあり、プライベートの報道があまりないように見えますが、そのミステリアスさが魅力だったりします。コミュニケーションを表す眉にほくろがあると、社交性があって人気者になります。実は羽生結弦さんにもあるのです。自分のほくろが嫌だなと思うとマイナスの運気になってしまい、気に入っているとプラスの運気に働きます。また、大きすぎるほくろだと、生きぼくろでもエネルギーが強すぎてマイナスになってしまったりもします。ほくろに毛が生えていると、悪い運気をはねのけるパワーがあります。あなたのほくろはどのタイプでしょうか。

次ページ以降で、ほくろのある部位の名前と、その意味を解説していきます。左右対称になっているので、右半分にあるほくろについても同様に鑑定してください。

上停

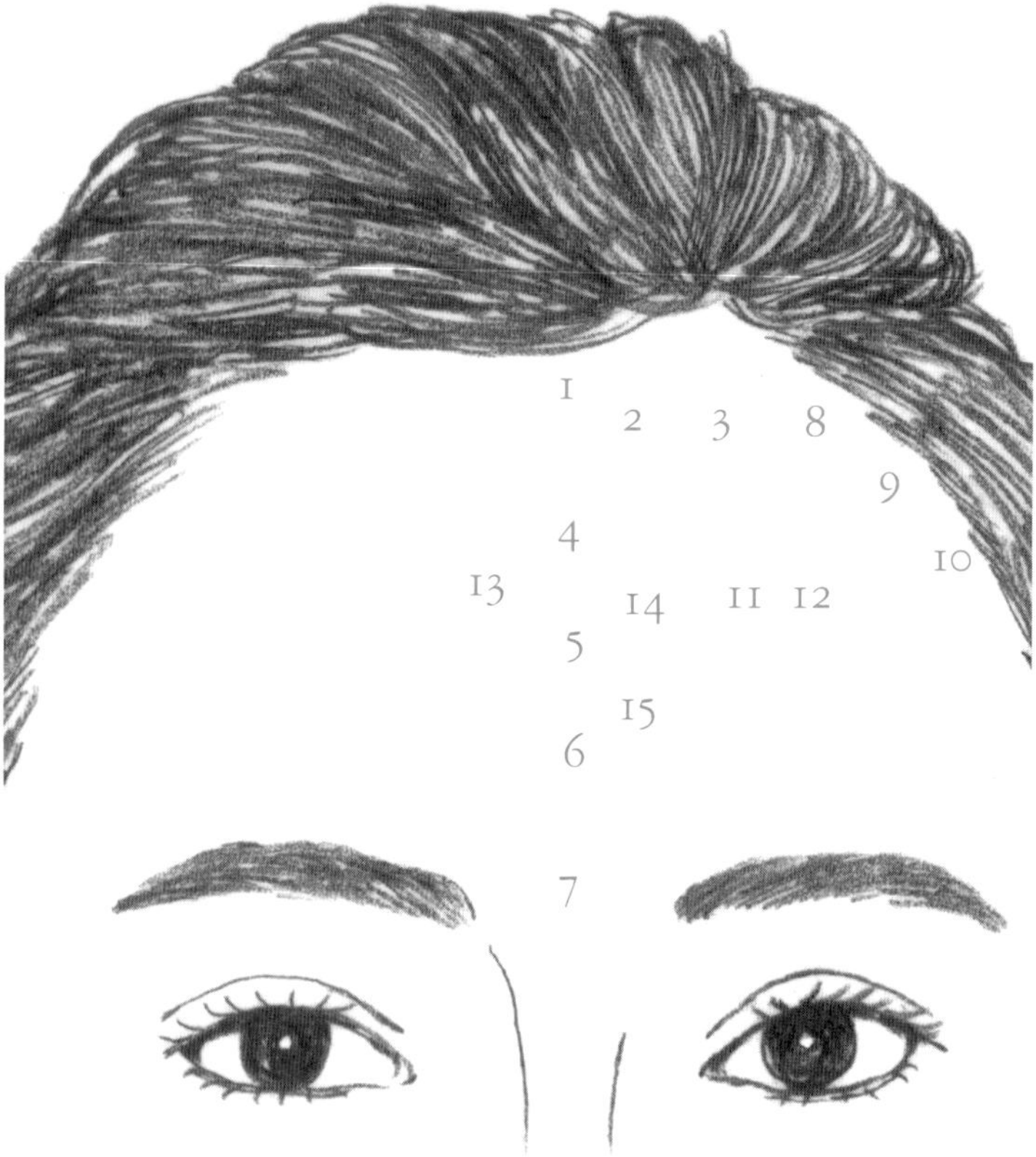

1天中《てんちゅう》：神から恵まれた運で、他の人が得られないほどの強運を発揮できる。2上《じょう》墓《ぼ》：信仰心や信じるものがあると力が高まる。3高広《こうこう》：人の話に翻弄されやすくなるので、意志を強く持つこと。4天庭《てんてい》：何かの使命を持って誕生し、その使命に気づくことができたら幸運をつかめる。5司空《しくう》：自分本位にならず、周りの人たちへ配慮し居場所を作ってあげること。6中正《ちゅうせい》：あって嬉しいほくろ。ひらめきや発想を授かりやすくなる。7印堂《いんどう》：未来に向け、先駆けて何かをやる能力が備わる。8軍門《ぐんもん》：厳しい環境のもとで生まれたり、指導者により厳しい環境に身を置かれたりする。9辺《へん》地《ち》：遠方から引っ越してきたり、遠方へ行って何かをする運命。10道中《どうちゅう》・駅馬《えきば》：旅行に行く機会が多かったり、転勤を繰り返す職業につく。11戦堂《せんどう》：ライバルを見つけて競い合いながら自分を成長させる。12山林《さんりん》：家や土地を買うことになるか、もしくは不動産ビジネスを手掛ける運命。13日角《にっかく》（女性は右、男性は左）：父親との縁。父親に対するコンプレックスを持つか、男性の場合、早い時期に父親になるか。14月角《げっかく》（女性は左、男性は右）：母親との縁。母親との縁が薄かったり、逆にマザコンすぎたりする。母性本能が旺盛で人を養ってあげることも。15凌雲《りょううん》：何らかの悪運がたちこめる。順調に進んでいた話なのに急に雲行きがあやしくなることがある。

中停

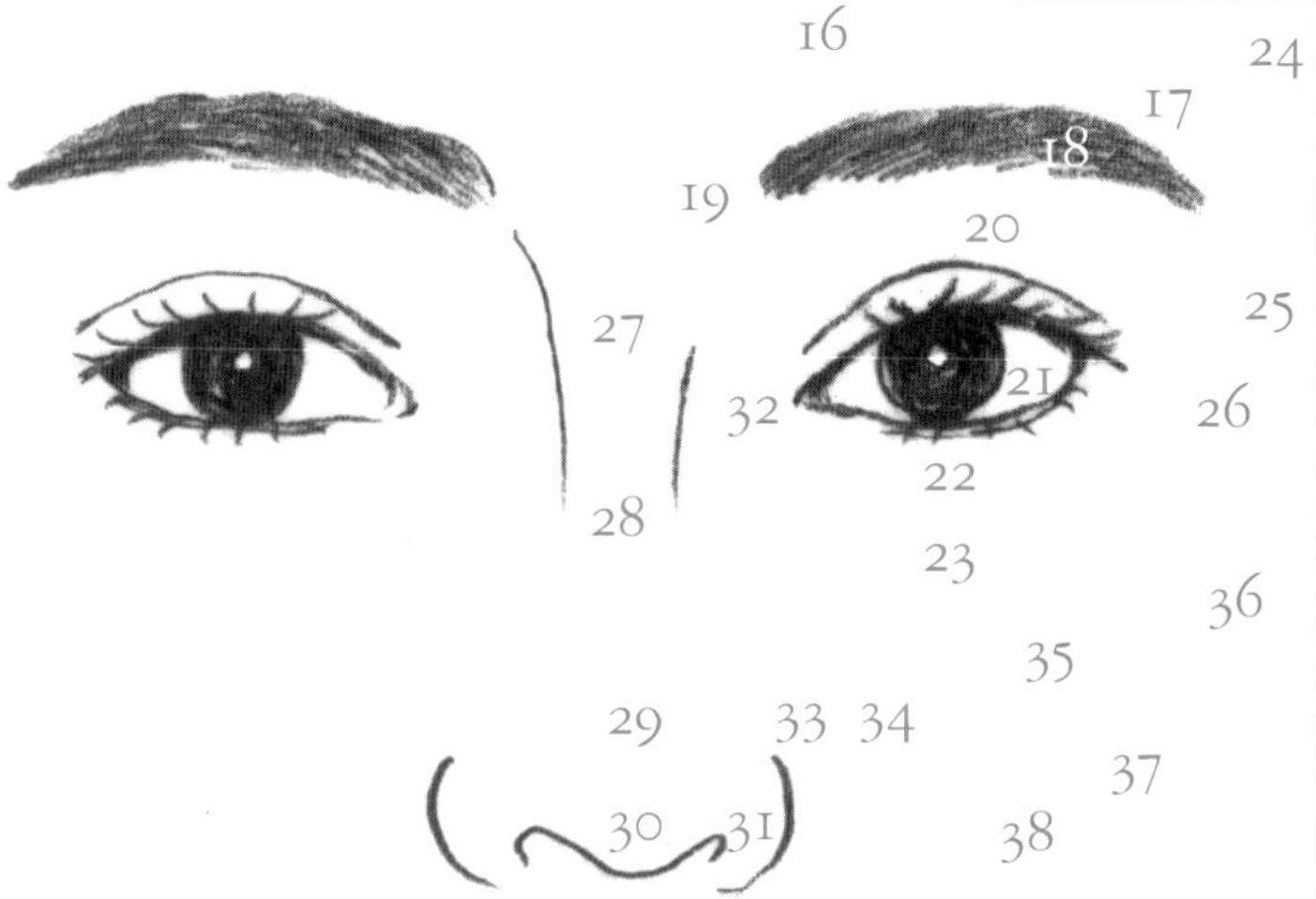

16交友《こうゆう》：友達がたくさんいないと不安になったり、友達の顔色を窺《うかが》いながら付き合う。17天倉《てんそう》・福堂《ふくどう》：しゃべりの才能や文才を持つので、言葉を使う職業で成功する。18眉：兄弟姉妹愛が強いか、あるいは兄弟間で問題が起こる。19交錯《こうさく》・額路《ぬかじ》：健康面で問題が出やすいので不摂生に注意。警察のお世話になりやすいので、警察官や自衛隊など国家のための仕事につくと免れる。20田宅《でんたく》：家族の遺産を継ぐが、散財してしまう可能性

も。21目：情に流され、損な役回りをさせられる。22臥蚕《がさん》：性的な魅力があり、危険な恋に走りやすい。23涙堂《るいどう》：変な性癖がある。もしくは子供に好かれる。24玄武《げんぶ》：人には言えない秘密の恋愛を経験する。25奸門《かんもん》：職場や友人の恋人など、身近なところで恋愛問題を起こす。26魚尾《ぎょび》：魅力的なので誘惑が多く、浮気性になりやすい。27山根《さんこん》：家族など身内の問題が起こったり、家族のために生きる人生になる。家族や集団で上手くやれない。個性が強くなる。注目を浴びる人生、特別な才能がある。健康に注意。28年上《ねんじょう》：目立ちたくないのに、中心人物になってしまう運命。29寿上《じゅじょう》：恋愛依存症になったり、授かり婚となる場合も。胃や腸の病気に注意。30準頭《せっとう》：鼻の頭は金運を表すので、散財などに注意してお金を大切に。我が強くなりやすく女王様気質になる場合も。31金甲《きんこう》：ギャンブル依存症になるか、ギャンブルみたいな人生を送る。32夫座《ふざ》・妻座《さいざ》：愛人になりやすい。33仙舎《せんしゃ》・香田《こうでん》：人からアドバイスされたことを実行すると成功する。34帰来《きらい》：第二の故郷ができる。生まれた場所とは違う場所で働く使命を持つ。35顴骨《けんこつ》：悪い噂が流れたりして気苦労が絶えない。36命門《みょうもん》：健康オタクや美意識の高い人になる。37懸壁《けんぺき》：真面目すぎて失敗する。38書上《しょじょう》：契約ごとでの問題が起こる。詐欺などに注意。印鑑を大切にして。

下停

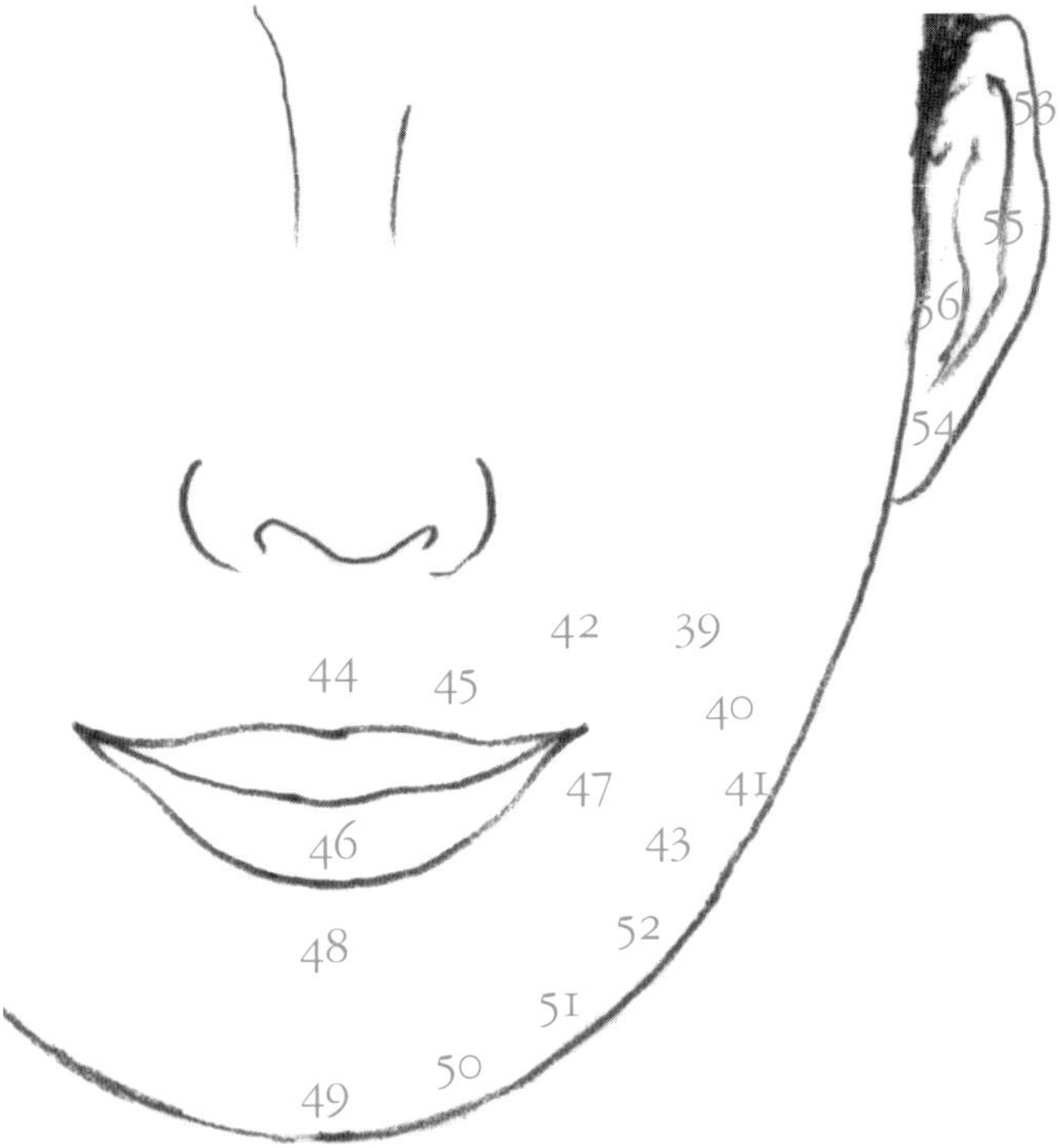

39祖宅《そたく》：引っ越しを繰り返したり、お墓を移すことになることも。40盗賊《とうぞく》：詐欺、窃《せつ》盗《とう》に注意。自分の才能、アイデアなどが盗まれることも。41腮骨《さいこつ》：社会に対して不満を持ちやすかったり、反骨精神で成功することも。42法令線：職場でのトラブルが起きやすい。足のケガに注意。43奴僕《ぬぼく》：部下との関係や、雇用契約関係で悩んだりする。亭主関白タイプの人に好かれやすい反面、ペットのような男の子と付き合う可能性も。44人中《じんちゅう》：子宮を表すところなので、子宝に恵まれやすい。恵まれすぎることも。45食禄《しょくろく》：衣食住を表すので、食うに困らない人生になる。46水星《すいせい》：セクシーで性的魅力があるが、異性関係にだらしなかったり、セックス依存症になることも。47口角《こうかく》：深い愛情の持ち主だが、毒舌になりやすいので言葉遣いに気をつけて。48承漿《しょうじょう》：アーティスト気質で感情的になりやすい。49地閣《ちかく》：家や住居の問題が出やすい。晩年は大成功するか財産を奪われるか。50地庫《ちこ》：住まいの問題、白アリや欠陥住宅に注意。51比隣《ひりん》：騒音問題などご近所トラブルに注意。52荘田《しょうでん》：どんな状況でも自分の居場所を確保できる。53耳輪《じりん》：社交性、人との接し方。頭の回転が速く、アイデア豊富。54垂珠《すいじゅ》：芸術センス、デザイン能力、美的センスが備わっている。55耳廓《じかく》：負けず嫌いで情熱的。56耳絃《じげん》：人に甘えるのがうまい。

ほくろで有名人の人生を読み解く

元々顔にあるほくろは、その人の人生のテーマや、キーポイントを表します。モテ相でもある魔性ほくろ（ほおに3つ）があるミュージシャンの川谷絵音さん、不倫騒動でお騒がせの時期もありましたが、実は人相的にいろいろありました。私生活に隠し事をするタイプのおちょぼ口ですし、秘密主義に多く見られるタイプの、前髪で顔を隠している部分が多い人に該当するのです。誰にも話せないオープンにできない恋愛だからこそ、燃え上がるタイプなのかもしれません。

宮迫博之さんは、流年法で見て49歳のところにほくろがありました。これは、トラブルに注意、の警告だったようで、２０１９年、49歳で反社との交流が発覚、嘘をついて否定してしまったことが原因で、謹慎から解雇にまで発展してしまいました。もし、ほくろに気づいていたら、発言にも注意ができて、解雇までは免れていたかもしれません。また、鼻の横にサポートぼくろ、というものがあるのですが、左右で意味合いが違ってきます。右にあったらサポートされる相に、左にあればサポートする相になります。宮沢りえさんは右にあるので、森田剛さんという素敵な方とご結婚され、支えられ、守られています。小嶺麗奈さんには、左側にほくろがあります。こちらは田口淳之介さんというパートナーをサポートし続け、薬物裁判でも「私が誘いました」とフォローして、当時話題になりました。唇にあると、おしゃべりの達人だったり、セクシーな魅力が備わったりと、芸能界に必要な要素ですが、木村拓哉さんには、唇の上下に二つずつ、計4つのほくろがあります。50歳手前でも色気が健在なのがうなずけますね。唇のほくろが一つだけだと、愛情の表現が苦手なタイプになるのですが、4つもあると、一周回って愛情を伝える達人のようになっていきます。木村さんが放つ言葉の一つひとつが、とても影響力があって、老若男女に響いているのは、ほくろのパワーもあるのかもしれません。プロゴルファーの石川遼さんは鼻の左脇に大きめのほくろがあります。ここにあると趣味を仕事にすると成功する相です。小さいころから好きだったゴルフの道を選んだことによって「ハニカミ王子」として人気を博し、18歳で最年少賞金王に輝くほどの活躍をしています。ほくろがその人の人生を映し出すこともあるのです。伊藤健太郎さんは耳の垂珠と呼ばれる部位にほくろがあり、芸術的、美的センスが高いことを表すので、演技力に定評があるのでしょう。

トラブルを予知できる「ニキビ占い」

ニキビには大きさや種類があり、運勢や恋愛関係、健康などの問題について、これから起ころうとしていることの重大さを教えてくれます。できたニキビの程度によって、レベルも違ってきます。初期ニキビで小さめのものなら問題もすぐに解決しますが、炎症している赤ニキビだと、急なトラブルやケガ、突発的な出費が発生します。化膿して黄色くなったニキビは根の深いトラブルが起こる可能性があるので、十分注意してください。

ほおの中央に大きなニキビができると、自分ではやりたくない仕事を任されたりする可能性があります。その時点でまだ何も起こっていなかったら、数日後に起こるのかもしれません。また、未来予知として出ることもありますし、仕事が決まってからプレッシャーなどで出る場合もあります。前後どちらになるかは個人の体質によります。実際、望まない記者会見に出る前の女優さんのほおに、大きなニキビができていたことがありました。その人は当時、寝る時間もないほど忙しかったので、記者会見に出るくらいなら、撮影を進めるか体を休めたかったそうです。そんな気持ちがニキビとして表れたのでしょう。

鼻の先にニキビができた場合は、自分の中で何かが起こっている暗示です。鼻は自分自身を表し、さらに小人形法（P１４９）で見ると消化器系にあたり、その部位に問題が起こることを表しています。お腹を壊したり、女性なら生理や排卵の問題が起こるかもしれません。性病になっている可能性もありますのでご注意を。先日、鼻の先に大きなニキビができている芸人さんにお会いしました。その人は久しぶりにドラマに出て大きな役を演じることになったので、プレッシャーからお腹を壊していたらしいです。体は正直です。また、鼻は金運を表すところでもあるので、出費や散財の前触れとしても出ていたのかもしれません。

　ニキビは、食生活や睡眠不足、ストレスでできやすい傾向があります。イライラしないようにカルシウムや鉄分をたっぷり摂《と》ったり、軽い運動をしてストレスを発散するのがいいでしょう。早寝早起きも心がけてください。ただ、大人になってもニキビができる人は、まだまだ野心的で成功への道を歩んでいるようにも見受けられます。常に上を目指している人、地位を求めている人は特にご注意ください。

上停

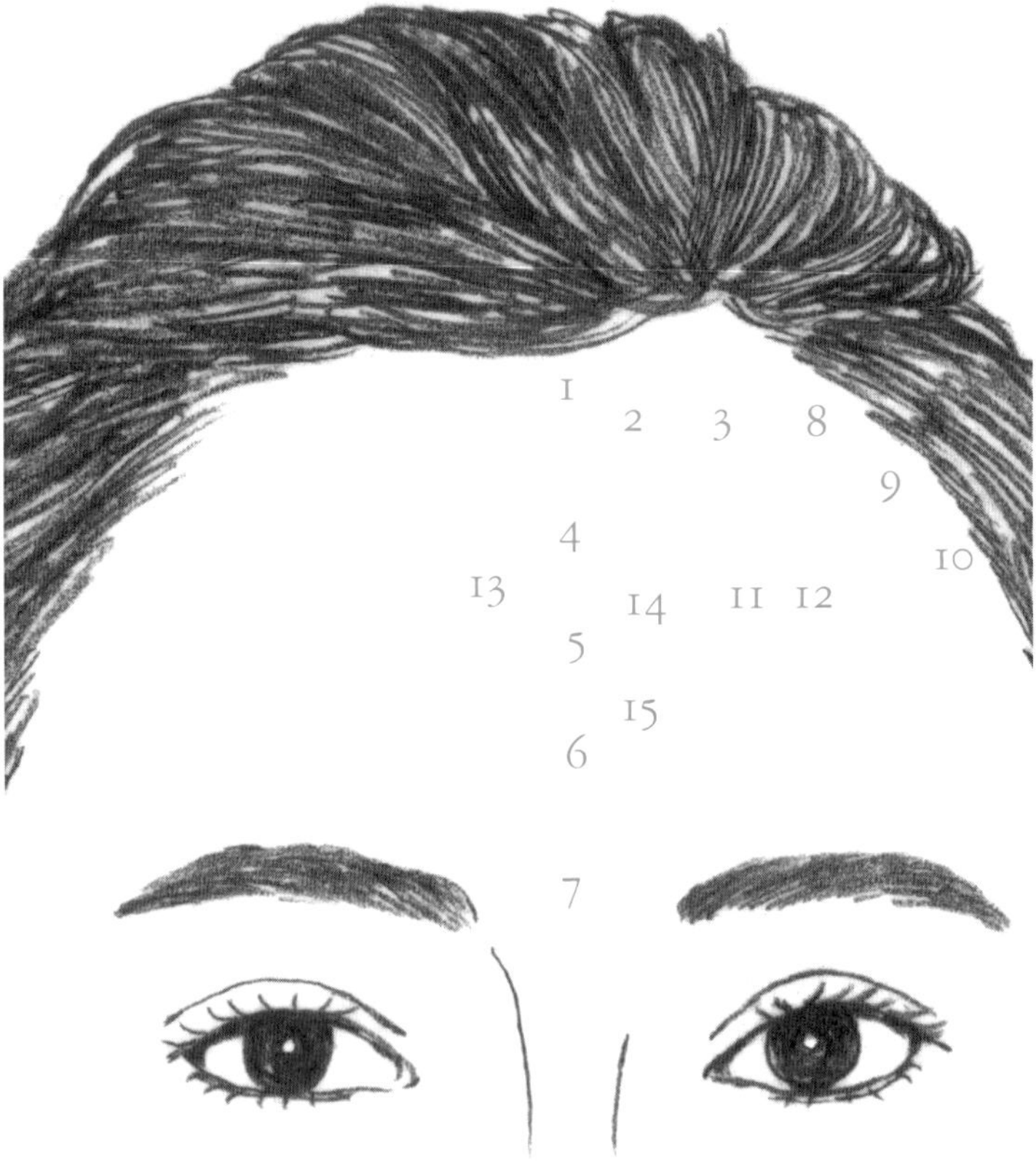

1天中《てんちゅう》：想像もつかないような不運がいきなり舞い込んでくる。2上墓《じょうぼ》：あやしい新興宗教に誘われたり、信じていた人に裏切られる。3高広《こうこう》：相手の口車に乗って策略に引っかかり、罠《わな》に陥れられる。4天庭《てんてい》：職場や仲間内での立場が悪くなったり、急に上司や仲間に嫌われたりする。リストラに注意。5司空《しくう》：いい人すぎて人を信用しすぎ、だまされる。6中正《ちゅうせい》：頑張りすぎて空回りしたり、空気が読めなくなる。上司とそりが合わず、嫌われる。7印堂《いんどう》：運気が不安定になるので、あらゆるトラブルにご用心。8軍門《ぐんもん》：上司に怒られたり、やりたくない仕事を任される。左遷の可能性も。9辺地《へんち》：現実逃避したくなる。お酒を飲みすぎて問題を起こさないように注意を。10道中《どうちゅう》・駅馬《えきば》：旅先や、出張先でのトラブルに注意。事故や事件に巻き込まれないように。11戦堂《せんどう》：ライバルに出し抜かれたり、部下に追い越されたりする。12山《さん》林《りん》：自分の持ち物に関するトラブルが起こる。大切なものがなくなったり、壊れたりする。恋人に裏切られることも。13日角《にっかく》（女性は右、男性は左）：父親とのトラブル。亡くなった父親を思い出してファザコンになる。14月角《げっかく》（女性は左、男性は右）：母親との確執が起こる。あるいは突然マザコンになって甘えたい願望が起きる。15凌雲：予定外の問題や、ハプニングに注意。突発的なことが起こりやすい。

中停

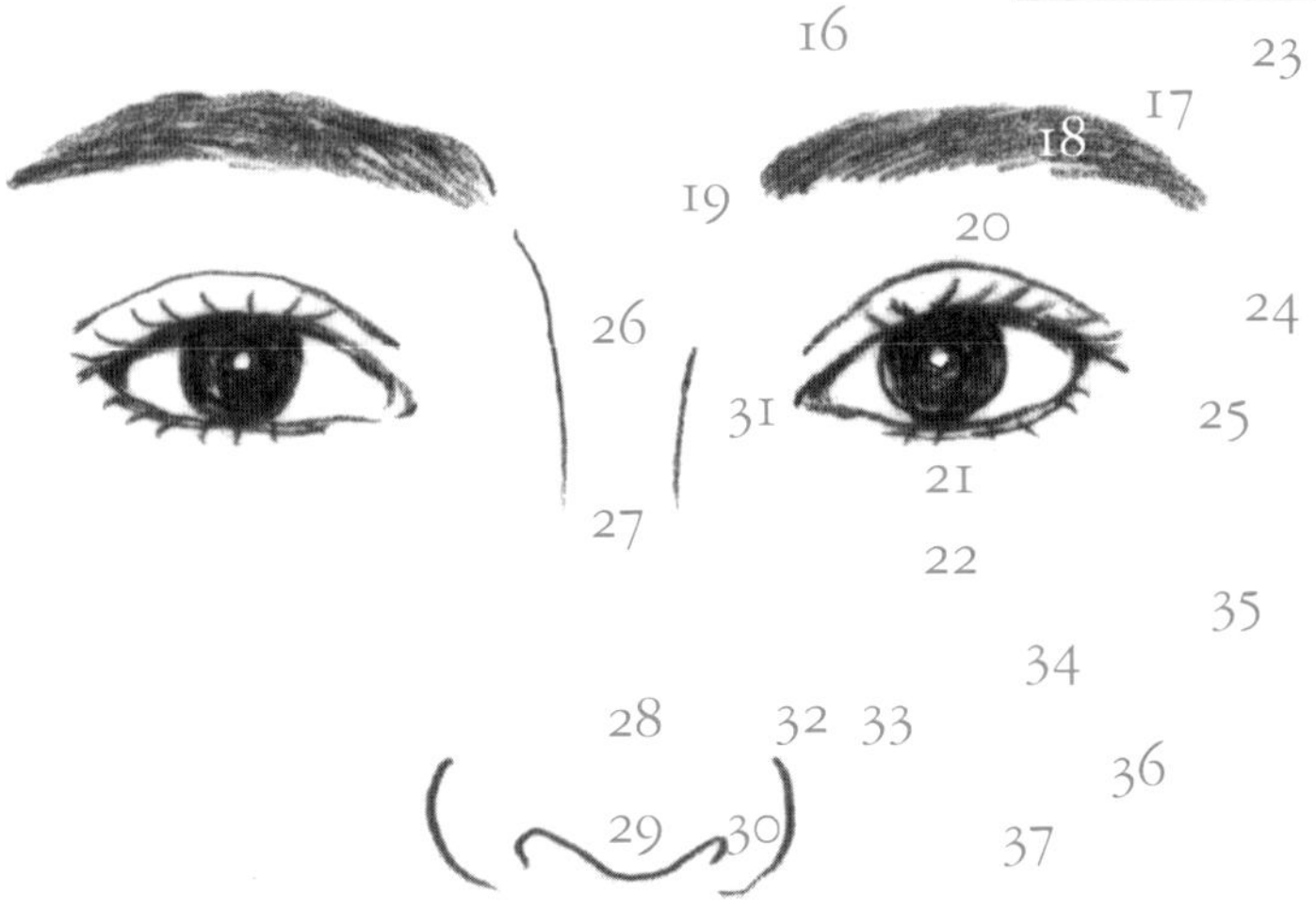

16交友《こうゆう》：友達と喧嘩《けんか》をしたりトラブルが起きる。17天倉《てんそう》・福堂《ふくどう》：欲望に支配されて失敗し、スランプに陥って精神的に追い込まれる。18眉：身近な人と口論になったり、兄弟喧嘩が起こる。19交錯《こうさく》・額《ぬか》路《じ》：職務質問されたり、駐車違反の切符を切られたり、逮捕される可能性も。20田宅《でんたく》：グループやチーム、学校のクラスの中などで、人間関係の問題が起きる。21臥蚕《がさん》：異性間でのトラブル。浮気が発覚したり、不倫の恋に堕ちたり。

もしくは妊娠しやすかったり。22涙堂《るいどう》：予期せぬ妊娠の可能性が。避妊対策を。23玄武《げんぶ》：恋愛でもめごとが起きる。浮気がバレたり慰謝料問題に発展したりする。24奸門《かんもん》：三角関係になりやすい。お酒がらみで一夜限りの関係を持ってしまう。25魚尾《ぎょび》：恋人と喧嘩をしてしまう。浮気心が湧き出る。26山根《さんこん》：家族ともめる。家族や身内で問題が出る。我が強くなる。体調を崩しやすい。身近な人間関係でのトラブルの予感。27年上《ねんじょう》：目立ちたい願望が出てしまい、空気が読めなくなってしまう。油っこいものの食べすぎによる胸やけや胃もたれに注意。28寿上《じゅじょう》：見栄を張りすぎて奢《おご》ってしまい、後悔する。消化器系の病気に注意。29準頭《せっとう》：我が強くなりやすく、異性間のトラブルに発展しそう。衝動買いで思わぬ出費も。30金甲《きんこう》：投資やギャンブルで損をしやすい。終電を逃す。31夫座《ふざ》・妻座《さいざ》：パートナーに浮気相手ができる。32仙舎《せんしゃ》・香田《こうでん》：負のオーラをまとった人が寄ってきてパワーを吸い取られる。気苦労が増える。33帰来《きらい》：故郷に帰る道中の落とし物に注意。通勤途中のトラブル注意。34顴骨《けんこつ》：悪い噂が立って、人気運が落ちる。35命門《みょうもん》：頑固さがマイナスに出てしまう。36懸壁《けんぺき》：やりたくない仕事を無理やり任される。37書上《しょじょう》：通帳や大事な書類をなくしてしまう。不用品を買わされる。詐欺、契約に注意。

下停

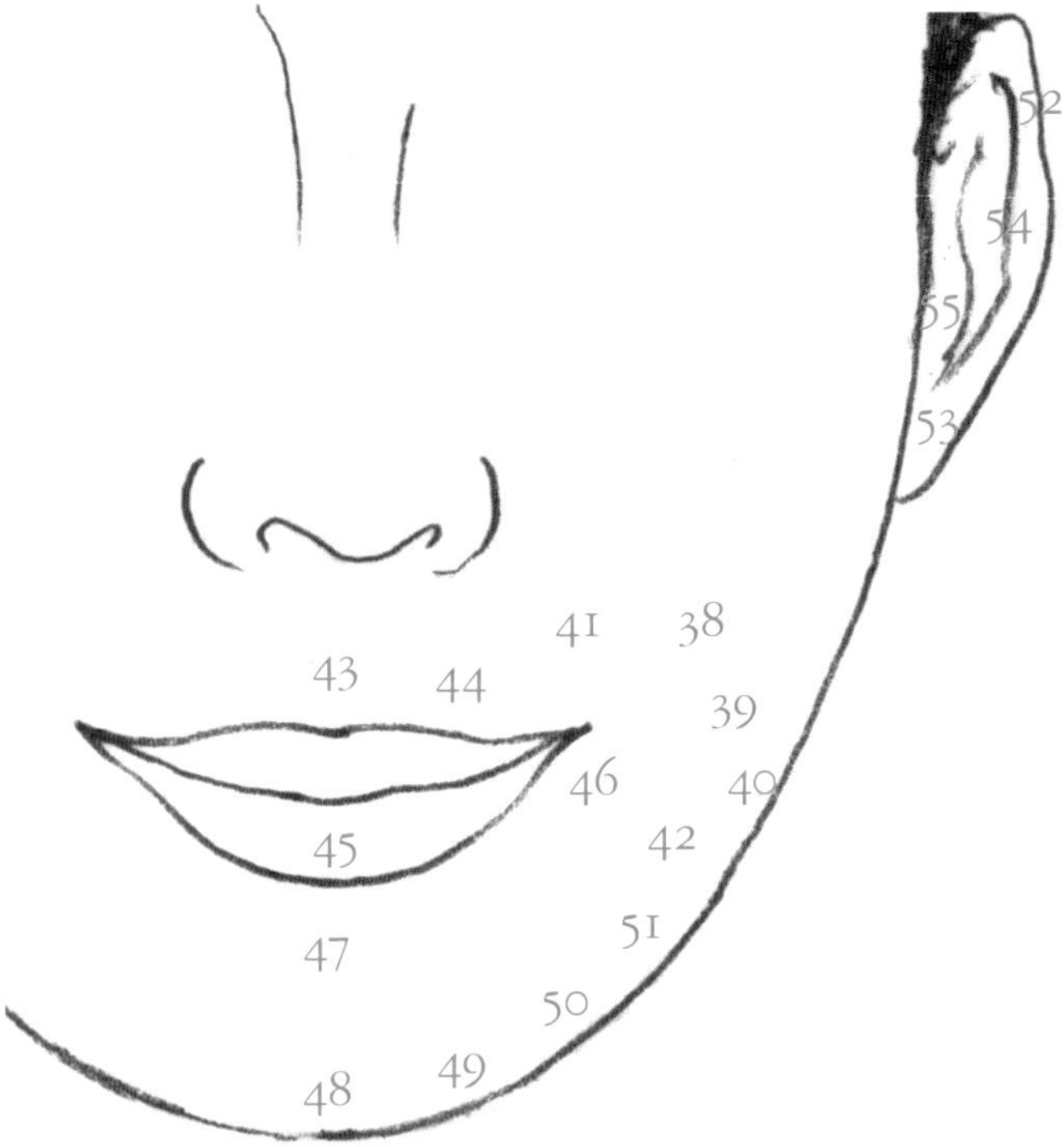

38祖宅《そたく》：一時的に行き場を失う。職場などで自分の居場所が見つからなくなる。39盗賊《とうぞく》：物、企画やアイデア、恋人を盗まれる可能性が。40腮骨《さいこつ》：イライラすることが起きて、人に八つ当たりしてしまう。反抗的な態度になる。41法令線：上司と喧嘩をしたり、部下が言うことを聞かなかったりする。足のケガに注意。42奴僕《ぬぼく》：部下との確執が起きる。奴隷のように扱われる。43人中《じんちゅう》：子宮、腎臓、膀胱《ぼうこう》、泌尿器系の問題が出る。性病に注意。子供と喧嘩をする。44食禄《しょくろく》：衣食住に不安が出る。悪口を言っているのがバレる。45水星《すいせい》：愛情が重くなりすぎてストーカーになってしまう。あるいは、ストーカーされる。46口角：口は禍《わざわい》のもと。傷つけてしまったり、自分が傷つけられたりする。47承漿《しょうじょう》：感情的になりすぎて情緒不安定になり、体調を崩す。薬の誤飲や、サプリの過剰摂取に注意。48地閣《ちかく》：家や住まいの問題。水回りのトラブルや、泥棒など。49地庫《ちこ》：エアコンなど家電が故障したり、コバエなど虫が発生したりする。50比隣《ひりん》：ご近所トラブルに注意。51荘田《しょうでん》：自分の居場所を奪われる。52耳輪《じりん》：集中力に欠けてミスをする。人間関係でもめる。53垂珠《すいじゅ》：お金のトラブルが発生し、貯金を崩すことになる。美的センスを疑われる。54耳廓《じかく》：我が強くなり、仕切り屋になりすぎて嫌われる。55耳絃《じげん》：警戒心を持たれたり、信頼を失う。

ほくろを描いて運気アップ

近年、「ほくろメイク」が流行っていますが、椎名林檎さんは20年前に、すでにやっていましたよね。左の口元のほくろがセクシーで印象的でした。楽曲と相まって、色気を醸し出していたのは、ほくろ効果でしょう。そしてほくろを描いていたら、そのうち本当にできてしまった、というミラクルまで起こしていたのです。自身のインタビューで「マドンナなどに憧れて描いていたら本当にできたんです」と語っています。現在、左の口元のほくろは除去してしまったようですが、あごのほくろは健在です。セックスシンボルと言われたマリリン・モンローの口の横にもほくろがありましたから、セクシー＝口元のほくろは永遠ですね。魔性のほくろ、と言われるのが、ほおに3つあるほくろ。女性は右ほおに、男性は左ほおになります。広末涼子さんや吉瀬美智子さんにもあります。二人とも母親になっても変わらず輝いていていますよね。男性だと川谷絵音さんもそうです。不倫問題もありましたが、やはりモテ男です。彼女、彼らのようになるには、ほおに3つ、アイライナーなどでほくろを描いてファンデーションで浮きを押さえればＯＫ。今日からあなたも魔性の女（男）に大変身。

4章

気をつけるべき人相、大事にするべき人相の見分け方

人相には、強運の相やちょっと癖が強くて危険な相があります。強運の相の人を見つけたら、話しかけて仲よくなりましょう。近くにいるあなたにも幸運が訪れます。逆に気をつけたい相を見分けるには、まず眉が大きなポイントになります。眉はコミュニケーションを表しますが、剃《そ》ってしまって全くなかったり、極端に薄い人は攻撃性があるので注意しましょう。最悪の場合、暴力的にもなります。細くしたり、剃り落としてしまった場合も同じです。相手とのコミュニケーションを全く取らずに、自分の考えだけで行動し、他人に迷惑をかけるという出方もします。そういえば細眉が流行った90年代、アムラーたちがみんな眉を細くしていましたが、あのころのギャルたちは気が強かったと思います。きっと眉の影響が大きかったのでしょう。他にも、眉を剃って細くしている男性が「いろいろ許せないことがあって、父親とはもう10年以上口をきいていない」と話していたことがありました。おそらくコミュニケーション能力が落ちてしまい、相手の気持ちを汲《く》み取る余裕がなくなってしまったのだと思います。元の眉に戻せば、きっと親子のいい会話ができるはずです。

あと、妙にいい人すぎる人は疑え、ということです。なぜ？　と思う人も多いと思いますが、詐欺師は、見かけはとてもいい人で、柔らかい雰囲気を醸し出している人がほとんどです。うっかり気を許してしまいます。私の近くにも、見るからに「いい人」オーラを出していた人がいたのですが、実はその人はタレントのサインを転売していました。いい人オーラが出すぎていたら逆に疑いましょう。「何か変だ」「違和感がある」その直感は正しいのです。あと、結婚したら最悪な相手は、家と外でまるで別人になる人です。だいたい外でいい顔をしている人は、ストレスを家に持ち帰ります。いつも優しい笑顔で人と接している男性が、実は家では妊娠中の奥さんにDVをしていたという事例もあります。さすがにその夫婦は離婚しましたが、魅力的＝危険が多いということも頭に入れておいてください。もし自分の眉が薄かったら描き足せば大丈夫です。社会に出て、過剰に人目や評価を気にしすぎず、時には自分の意見をアピールし、ストレスを溜めないようにしましょう。攻撃性も仕事などでいい方向に出せればアグレッシブになれます。眉の薄い人は何かに打ち込めば、職人として成功する可能性があります。詐欺師体質の人も、セールスが抜群に得意なので、営業などの分野で才能を開花できるはずです。自分の人相を把握し、短所と思われる部分を逆に生かして強みにしていけば問題ありません。人相がよくない有名人が、素晴らしい仕事をしているように、考え方次第でいくらでも変えられるのです。

四白眼

思い込みが激しく人間不信

とても頭がよく、表情で人の気持ちを読み取ったり、言葉の細部までとらえて相手の本心を見抜きます。深読みしすぎて人のことが信じられなくなり、勝手に害がある人だと思い込み、恨んで反撃に出てしまうことがあります。

有名人で言うと…

栗山千明

2003年に公開された映画『キル・ビル』では女子高生の殺し屋を演じて絶賛されたが、素顔の彼女は意外にもコスプレ好きのアニメオタクである。

三白眼

ハングリー精神で常に臨戦態勢

障害があればあるほど燃えるハングリー精神旺盛な相。圧倒的な力で相手をひれ伏せさせたい、という願望を持ち合わせている人。付き合い方を一歩間違えてしまうと危険な人物となってしまうかもしれません。

有名人で言うと…

故・マリリン・モンロー

稀代のセクシーシンボル。そのお色気は政治をも動かしてしまうほどの威力があった。突然の死去には当時、暗殺説もあがるほどアメリカに衝撃を与えた。

とがった耳

愛情を突き詰めて依存するタイプ

精神世界を大切にする人なので、精神が不安定にならないように、常に心の支えを必要とします。それがエスカレートすると、誰かに依存したい、という思いから、人のものを奪いたくなってしまいます。奪うからこそ、愛、という究極の考え方をします。

有名人で言うと…

鈴木保奈美

独身時代もモテモテで、石橋貴明と再婚して、53歳になった今もきれいで若々しい色気を保っている。

口が半開き

勘違いや被害妄想が強い人

理想を追い求める傾向が強いタイプです。夢見がちで、妄想癖もあります。時間にルーズになりやすく、追い込まれないとやる気が出せずだらけやすい人。被害妄想が強く出てしまうと逆恨みし危険なタイプです。

有名人で言うと…

岩尾望

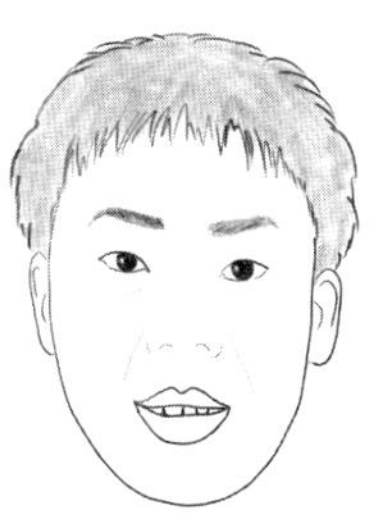

「よしもとブサイク」№１を３年連続受賞。美容とファッションにお金をかけて美を追求している一面も持っている。

ぼんやりした輪郭

欲望を抑えきれないアーティスト

ダメなことだと分かっていても、自分がこうしたい！　と思ったことを実行してしまうタイプ。欲望を我慢することはできません。アーティスト気質でもあるので、ほかの人にはない類いまれな才能を持っている人です。

有名人で言うと…

渡辺直美

歌に司会に女優にとマルチに活躍。やりたい仕事をあきらめない貪欲さで海外でも実力派タレントとして成功を収めている。

目頭が切れている

略奪愛に走りやすい愛人体質

目頭は性や愛情を表すところです。ここが切れていると愛情過多になり、愛人気質になりやすく、いわゆる危険な女性となってしまいます。彼氏を紹介すると寝取られてしまう可能性が高いので、十分ご注意ください。

有名人で言うと…

浜崎あゆみ

常にゴシップには事欠かない存在だが、2019 年、自伝的小説「M」を出版。プロデューサーM 氏との恋愛を描いて世間を賑わせた。

おちょぼ口

粘着気質を隠しているタイプ

私生活に隠し事がありがちなタイプ。表の顔は優しい人だけど裏の顔は冷たい、というような二面性を持っていることも。過去の恋愛に未練たっぷりだったり、相手にずっと執着し続けるなどの可能性も大いにあります。

有名人で言うと…

清春

バリバリのロッカーだけど、手羽先が名物の「世界の山ちゃん」の大ファンで、「山ちゃん最高」とお店の宣伝をしてしまう気さくな一面を持つ。

涙袋がふくらんでいる

有り余る精力の恋愛ハンター

涙袋は性欲の強さを表します。ふくらんでいる人は性欲が強く異性によくモテる人です。浮気癖が出てしまったり、エスカレートすると友達の恋人にも手を出してしまう可能性もあります。上手な発散方法を見つけましょう。

有名人で言うと…

川口春奈

格闘家から野球選手、人気アイドルと俳優、というさまざまなジャンルの人たちからモテモテ。YouTube の登録者数も多い愛されキャラ。

大仏顔

すべてに恵まれ幸せになれる顔

耳たぶが大きく肉厚な福耳、きれいに鼻柱が出ていて鼻頭でおさまっているのは、愛情、金運すべて手に入れて満足のいく人生を送っている証。眉も太くてコミュニケーション力抜群です。顔のすべてが理想の相。いわゆる大仏顔です。

有名人で言うと…

松本人志

元々カリスマ性があるうえに最高の人相もゲット！　若いころはシュッとしていた鼻が、今は大きくがっちりと成長している。耳も完璧な福耳。

仏顔

万人に慕われ愛情を受ける仏顔

広いおでこはいい仕事運をつかみ、アンパンマンのようなふくよかなほおと鼻の下のふくらみ、下がり眉はそれぞれ大衆から愛される相です。大きくて肉厚な耳たぶも長く、まさに仏のような耳。思わず拝みたくなるような完璧な仏顔。

有名人で言うと…

浅田真央

国民の宝、とも言われ大衆に愛されている存在。ソチオリンピック・フリーでの完璧な演技には日本国中が感動の涙に包まれた。

あごがしっかりしている

生涯幸せに暮らせる愛されキャラ

あごは面積が広いほど、楽しく快適に暮らせる運命になります。誰にでも愛される相で、多少のことを言われてもポジティブにとらえてそれを糧にして頑張ります。お金に困ったときも支援者が現れます。幸せな生涯を送るでしょう。

有名人で言うと…

土屋太鳳

いつも元気いっぱい爽やかな笑顔を見せてくれる太鳳ちゃん。天然発言も微笑ましく、吉田沙保里からも「かわいい」と絶賛されている。

鼻が大きい

精力的にお金を稼ぐ力の持ち主

芸能界や専門職など、個人で仕事をする場合、エネルギッシュにお金が稼げる相。サラリーマンだと我が強すぎて周りとうまくいかないことがあります。融通が利くようにサポートしてくれるパートナーがいると安心です。

有名人で言うと…

内村光良

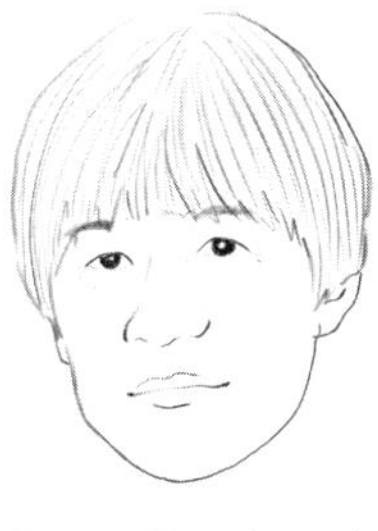

レギュラー番組９本。司会に映画監督にプロデュースにと大成功。３年連続司会として出場している紅白歌合戦での活躍も話題に。

おでこが広い

いい運気を集めて出世できる人

運の取り入れ口であるおでこが広ければ広いほど、たくさんの運気を集めることができます。苦労も少なく、目上の人にかわいがられ、成功を手に入れるタイプでもあります。頭を使う人はおでこが広くなる傾向にあります。

有名人で言うと…

妻夫木聡

ベビーフェイスながら安定した演技力で映画俳優としての地位も確立。女優・マイコとの間に子供も生まれ、仕事運も家庭運もゲット。

下がり眉

周りに助けられかわいがられる相

眉が下がっていると困っているように見えるので、周りの人に、助けてあげたい、という気持ちが生まれます。そんな人たちからの好意をきちんと受け止めたり、素直に甘えることができるかが幸せになれるかどうかの分かれ道に。

有名人で言うと…

えなりかずき

橋田壽賀子ファミリーで子役のころから本当の息子のようにかわいがられてきたが、バラエティー番組でもユーモアのある人柄が愛されている。

三角眉

天才で将来の成功が約束された人

三角眉は成功者の証です。特に明石家さんまさんなど長い間人気のある人に多く見られます。年配にならないと三角形にはならないですが、三角形に近い眉の男性がいたら絶対に仲よくしてください。天才です！

有名人で言うと…

北野武

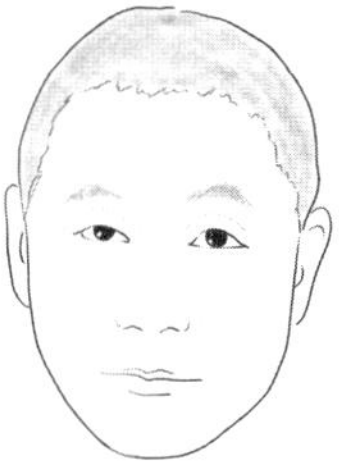

監督した映画が海外で認められたり、フランスでの個展が成功したりして「世界のキタノ」といわれるようになったころ三角眉になった。

眉間が広い

願えば叶う、強運の持ち主

眉間も運の取り入れ口です。ここが広いといい運気が集まってきます。やりたい、と思った気持ちを大切にしながら行動を起こせば、進むべき道に導いてくれる人に出会うことができます。心に描いているものを引き寄せる強運の持ち主です。

有名人で言うと…

向井理

大学卒業後に働いていたバーでイケメンバーテンダー企画の取材を受け、その雑誌が事務所の人間の目にとまり、スカウトされて芸能界へ。

肌ツヤがいい

肌と同じく潤いに満ちた人生に

肌は乾燥肌より潤った肌のほうが運気がよくなります。エネルギッシュに活動もでき幸運度もアップ。幸せ顔は、適度に水分のあるスベスベ素肌です。キチンと洗顔をして汚れを落とし、美容液やクリームなどでたっぷり保湿しましょう。

有名人で言うと…

石田ゆり子

50歳になってもツヤツヤなお肌で年下男性からのラブコールが絶えません。同性からも「ゆりゆり」と呼ばれ、好感度大の美しさ。

法令線が広がっている

仕事運がよく晩年も抜群の安定感

目上の人からは支援を受け、部下からは慕われて交際範囲が広がっていきます。バイタリティがあり、仕事運が強いので、事業を起こしても成功する可能性がある、とてもいい相。晩年の運気もよく、健康で安定した生活を送れます。

有名人で言うと…

山口智子

1996年、木村拓哉と共演したドラマ『ロングバケーション』以来、憧れの女性として同性からも支持を集める。唐沢寿明との夫婦生活も安定。

5章

秘伝の人相術

ここでは皆さんがふだんあまり目にしない珍しい占術をご紹介します。プロの占い師しか知りえない、秘伝の人相術です。人相術を学び始めのうちは難しいかもしれませんが、修業することによって見えるようになっていきます。気色と血色は古くから占い師が密かに伝えてきた占術で、気色は顔にうっすらと見える線のことで、血色は皮膚の上に出る色のことです。どちらも未来の出来事や少し前に起きた出来事、そして今の心理状態を表します。気色が白く光っていたり、淡いピンク色になっていたら吉相を表します。ちなみに、吉相を示す色を美色と言いますが、例えば、美色が生え際から眉間に向かって縦に出ていると、嬉しい話が舞い込んできます。天からの恵みなので、すごい強運を発揮でき、ピンチをチャンスに変えてしまうこともできるでしょう。逆に、気色が灰色や黒っぽい色だと、トラブルの暗示になります。血色は皮膚に丸く現れ、白やピンク色だとよいことが起こる前触れとなり、赤くなるとトラブルに見舞われたりします。また、黒ずんでいると悪い人が寄ってきたりする暗示です。灰色っぽくなると仕事などでのトラブルが発生します。

また、顔に画像が浮かび上がる画相術という鑑定方法があります。これは、その人が強く思っていることや過去や未来の出来事などが顔の皮膚に浮き上がってくるものです。その画像の意味を素直に解釈していい場合と、深読みしないといけない場合がありります。例えば、顔に冷蔵庫が見えたとき、故障など、直接的なことを表している場合もありますが、冷蔵庫にしまっているものや隠してあるものがあると読み取ることもできます。深読みすると、過去のトラウマなどが現れることもあるのです。これらは訓練するとだんだん見えるようになります。

さらに、手相術は人相術の一部としてとらえられているため、手の平の中の部位と顔の部位が対応していると考える技法があります。例えば、感情線から指のつけ根までをおでことしてとらえ、感情線と生命線の間に、目、鼻、口があるととらえます。手のひらの中に斜めに顔があるイメージです。また、親指の付け根付近の金星丘をあごととらえ、同じく顔のあごに対応させて占います。金星丘がふくよかな人は安定した人生を送ると考えられ、これは、顔の中であごがっしりしている人も同様に、安定した人生を送ることと対応します。このように、手相と人相は切っても切れない密接な関係にあるのです。

天中《てんちゅう》から美色

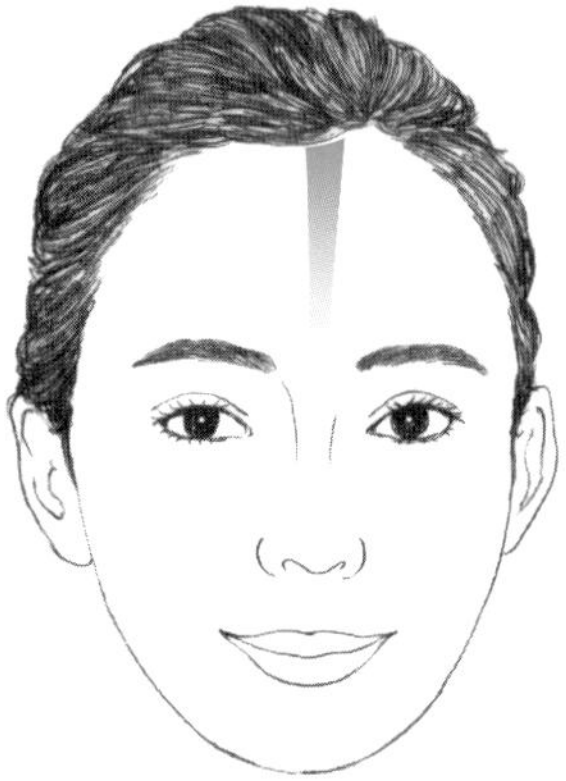

天中から眉間に向かって、白や薄いピンク色の美色が出たら、願望が叶うときです。天から降ってくるいい運気なので、突然の仕事のオファーがあったりします。逆に眉間から天中に上がっていく線なら、自分でつかみ取る運になります。

額の生え際に美色

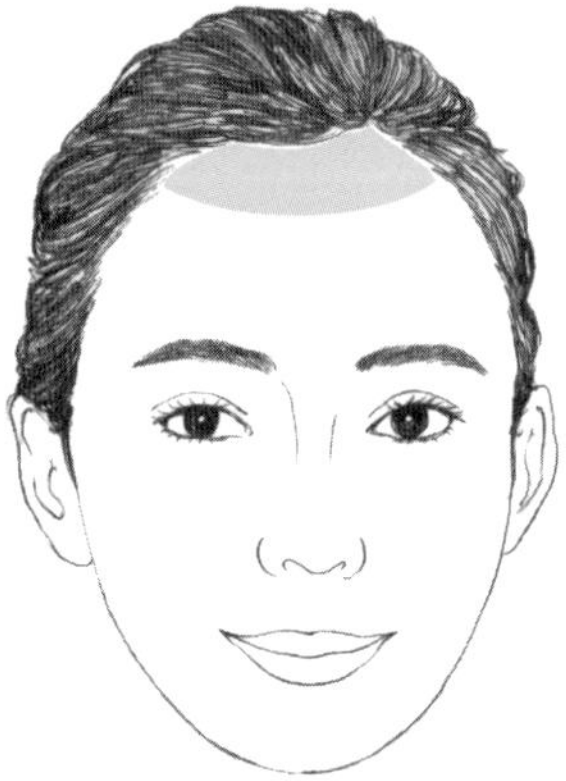

生え際が白く光っていると、全般的にいい運気が入ってきているときです。光っている面積が大きいほど幸運です。赤色だと一時的なトラブル、黒っぽいととんでもない不運の予感。生え際の汚い人は一番運気が悪いので要注意。

準頭《せっとう》に美色

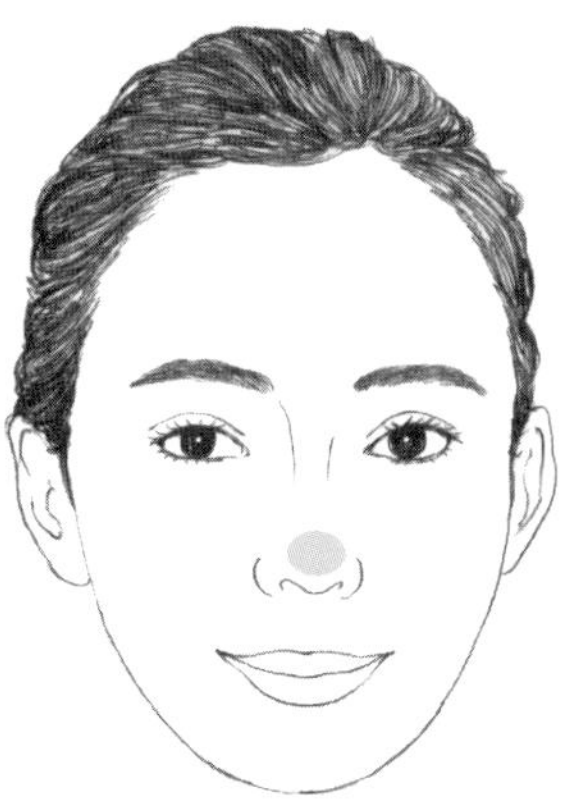

鼻は自分自身を表すので、ここに白や薄いピンク色が出たら強運を発揮できる暗示です。赤い色だと、無駄な出費をしてしまいそうなとき、灰色や黒ずんでいるときはなぜか物事がうまくいかないときです。

食禄《しょくろく》に美色

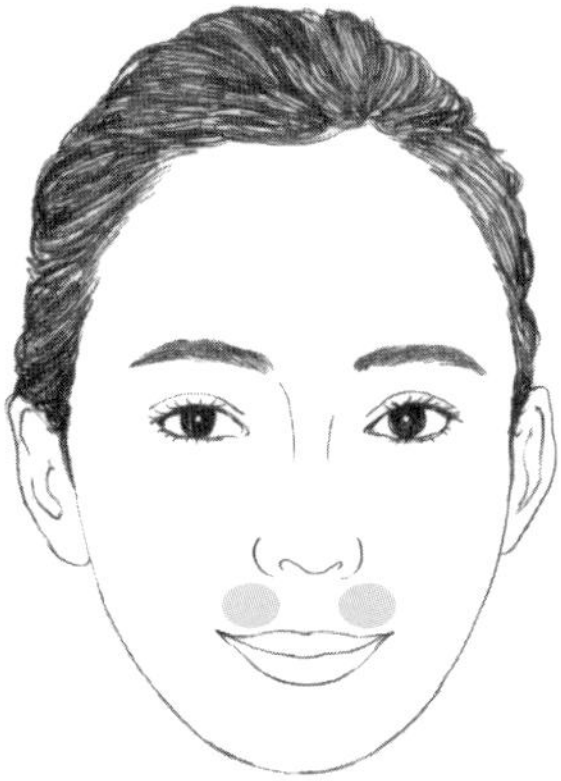

左右の鼻の下に白や淡いピンク色が出たときは、金運か食べ物に関するいい運気が入っています。給料がアップしたり、誰かに奢ってもらえる予感。赤くなっていると食中毒になる可能性があるので食べ物に注意です。

山《さん》根《こん》に美色

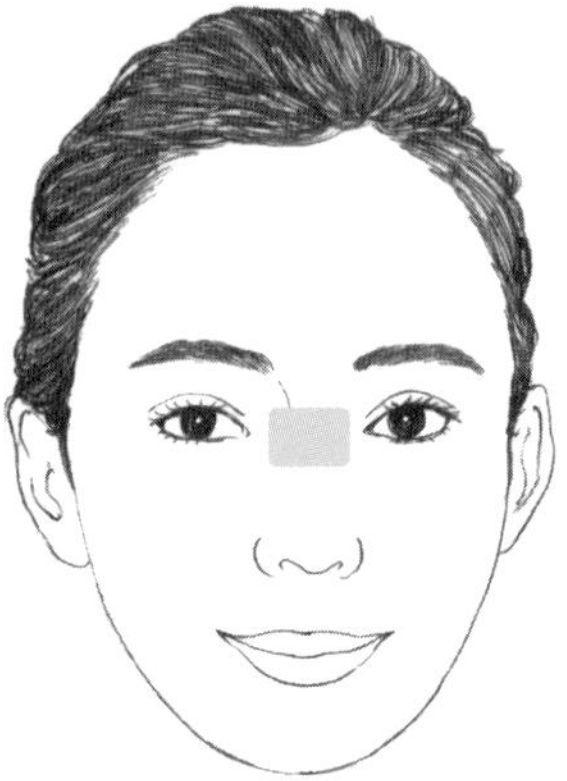

山根は家族を表すので、健康面など家族についての問題が起こる暗示です。白く光っている美色なら、家族にハッピーなことが起きたり、妊娠出産や出世などお祝い事がありそう。赤い色が出ると事故や事件の可能性が。

命《めい》宮に美色

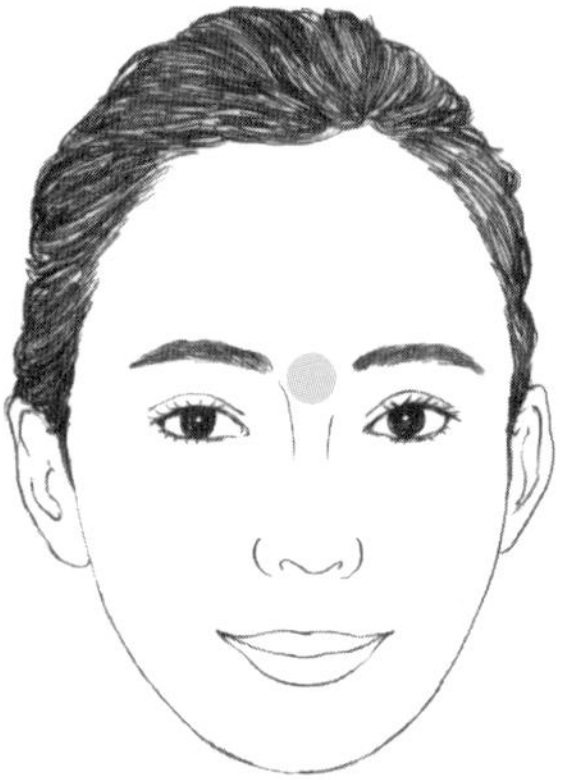

眉間は自分自身を表すので、白く光っているか淡いピンク色が出てきたら願い事が叶うとき。幸せを感じたり、充実した毎日を過ごしています。赤い色が出たら喧嘩《けんか》や口論に注意。命宮は頭も表すので、頭痛や脳梗塞《のうこうそく》の可能性も。

高《こう》広《こう》から美色

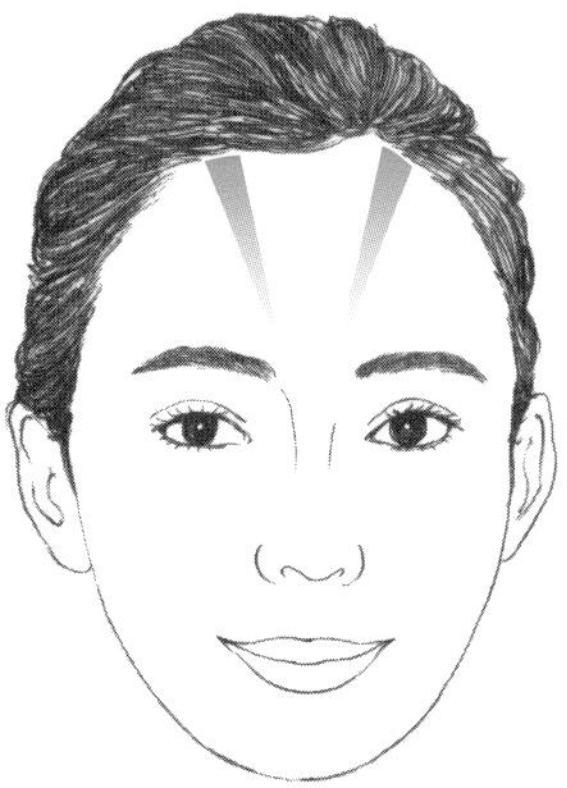

左右の生え際から眉間に向かって白く光ったり、淡いピンク色の線が出たら思いがけない幸せが訪れます。ピンチの状態でも、それを逆にチャンスにできたりする強運のとき。黒っぽいと予想外の不運に見舞われます。

官《かん》禄《ろく》宮に赤色

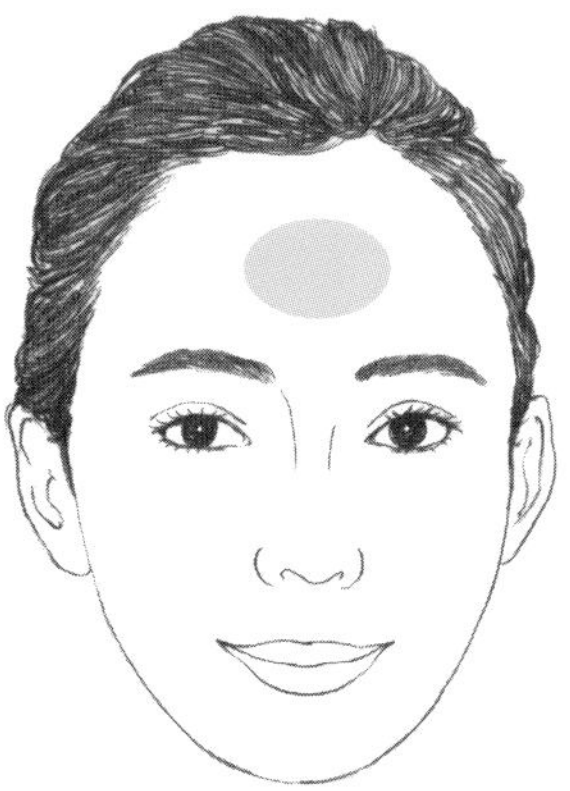

おでこは天からの運のほか仕事運を表します。額の中央に赤い色が出たら上司から怒りを買っている可能性があります。くすんだ色や灰色が出たときは発注ミスなどのトラブルの暗示。黒ずんでいたらクビ覚悟のトラブルが。

妻妾《さいしょう》宮から血色

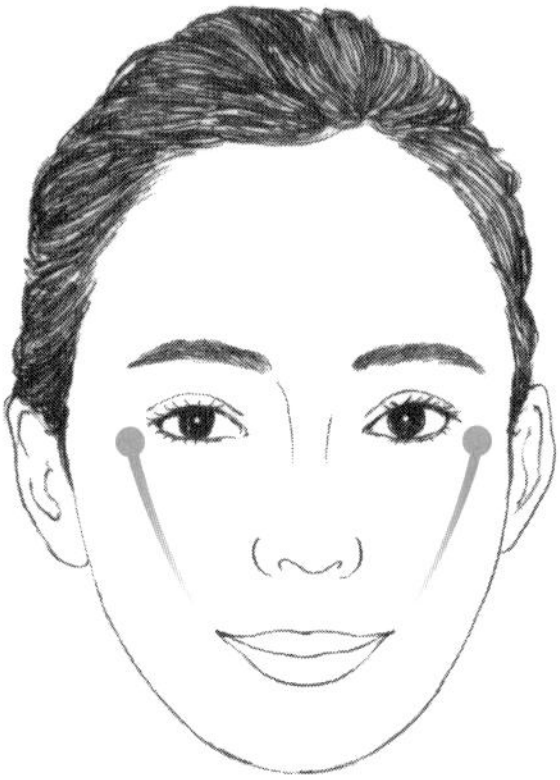

目尻から口にかけて白い線が入ると、素敵な出会いやデートの誘いがありそう。赤い色が出てしまうと、嫌な相手からのお誘いや、恋人の浮気が発覚する可能性も。黒ずんでいると過去の恋愛を引きずって悩みが発生します。

妻妾宮の左右に血色

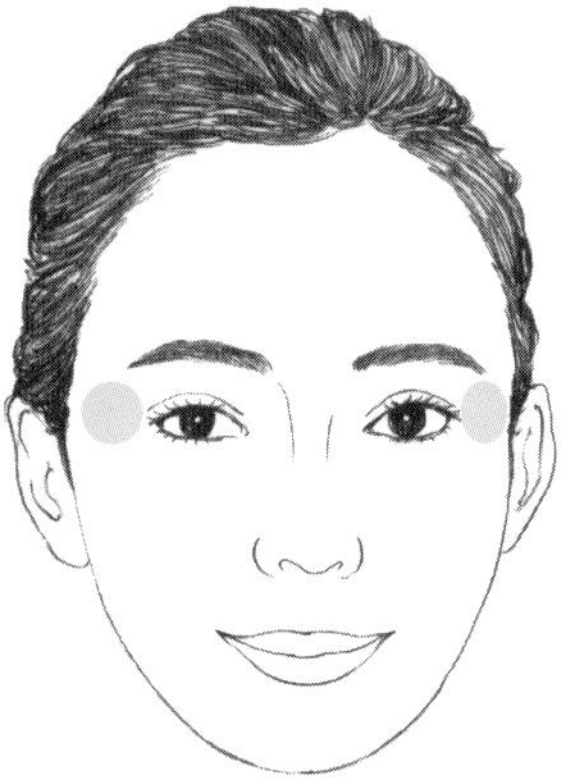

目の脇は恋愛を表すところ。ここに赤い色が出たり、黒ずんでいると、異性とのトラブルの予感。デートの結果、別れの危機に陥ったり、妻帯者からの誘惑に堕ちそうになったり。芸能人だとパパラッチされるかもしれません。

地《ち》閣《かく》に赤色

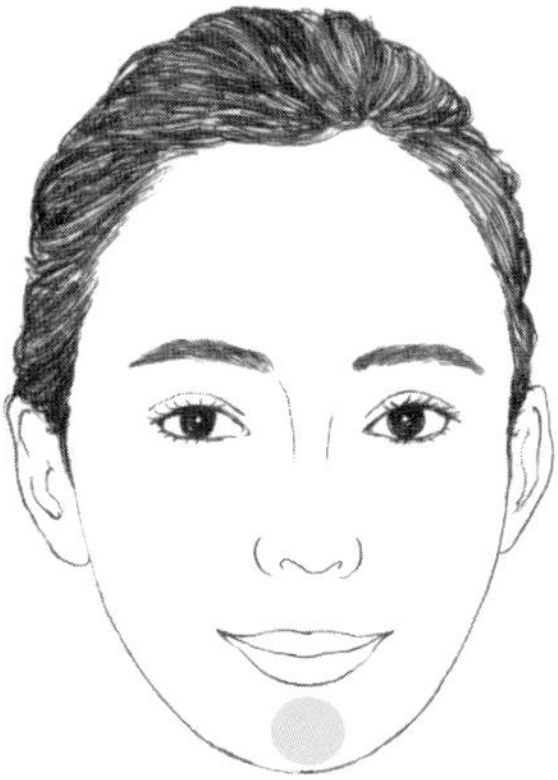

家を表すあごはプレゼント運になるので、白く光ったときは遺産を相続したり土地が手に入ったりしますが、赤くなったときは火事ややけどに注意してください。家計が火の車、という可能性もあります。

法令線に血色

法令線が赤くなったときは、仕事上のトラブルが起こっている可能性があります。黒っぽければ社長を怒らせたりしてクビになるレベルのトラブルが。白やピンクの美色の場合は仕事が順調に進んでいきます。

画相術の例

武将

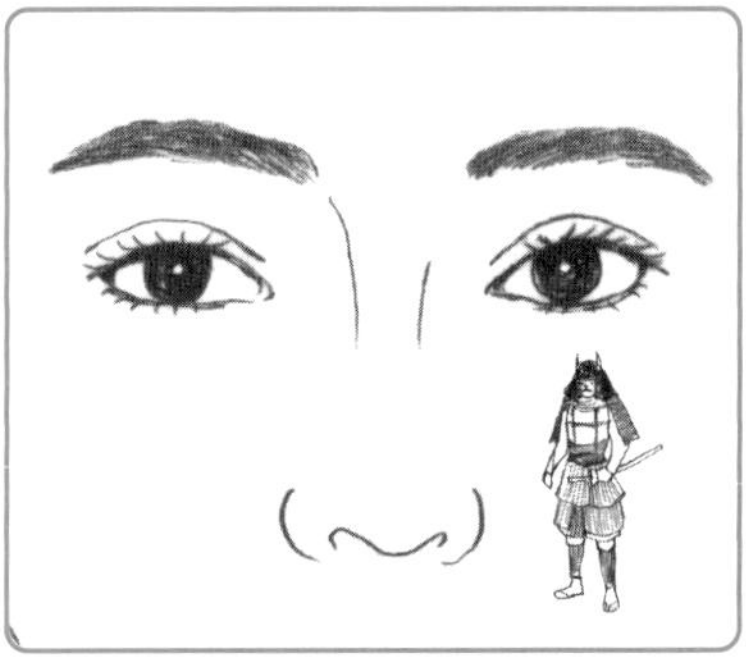

30代の女性の左のほおに戦国武将が見えました。鼻の左側のほおには尽くすものが現れます。実は彼女は歴史好きで、各地のお城を回っている歴女でした。プライベートな時間を武将のために使っているという証です。

飛行機の絵

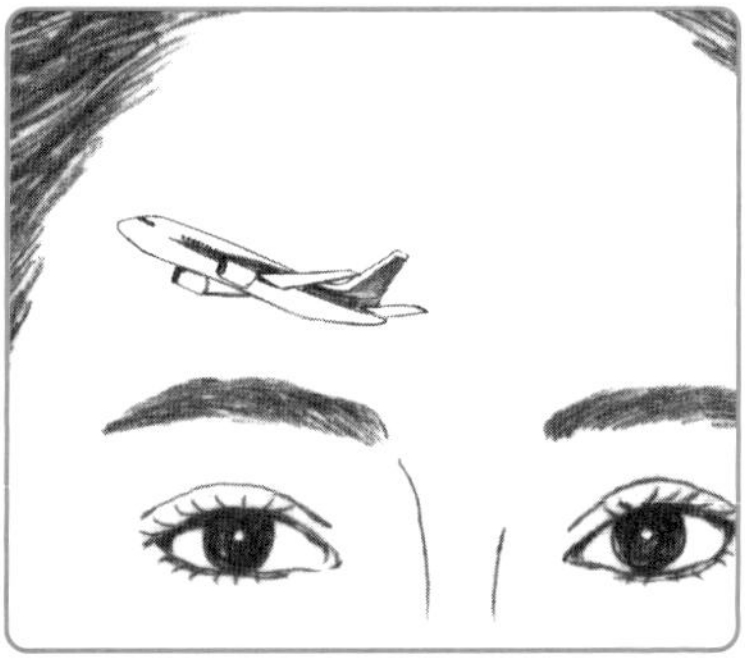

中年の男性の額に、おでこの端のほうに向かっている飛行機が見えました。遠方への移動を表す相ですが、その時は全く予定がない、と話していましたが、2週間後、急に海外での仕事が入り、飛行機に乗ったそうです。

フェレット

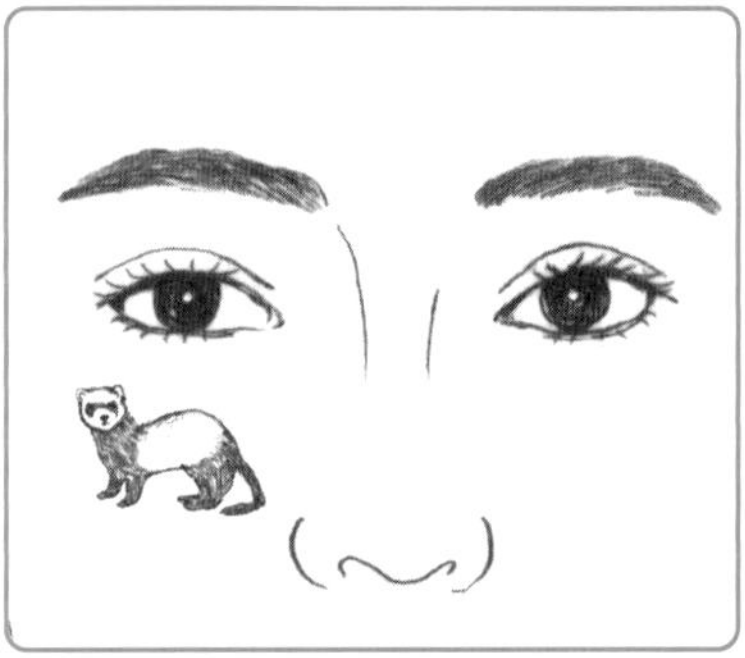

鼻の右のほおは尽くしてくれるものが現れます。出版社で働く女性の右のほおにフェレットが見えたのですが、以前、飼っていたことがあり、とても癒されていたそうです。今でもLINEのアイコンにして愛でていました。

笠をかぶった女性

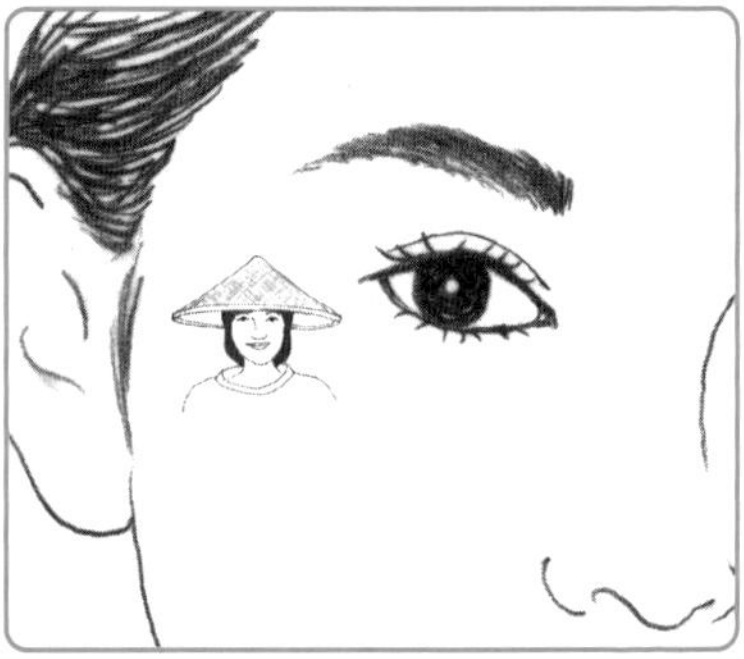

ある女性の話ですが、過去の恋愛を表す右のこめかみに、笠をかぶった女性が見えました。後日「以前、好きだった人と一緒にお祭りで笠をかぶって撮った写真をずっと大事にしています」と写メを見せてくれました。

おばあちゃんと孫娘

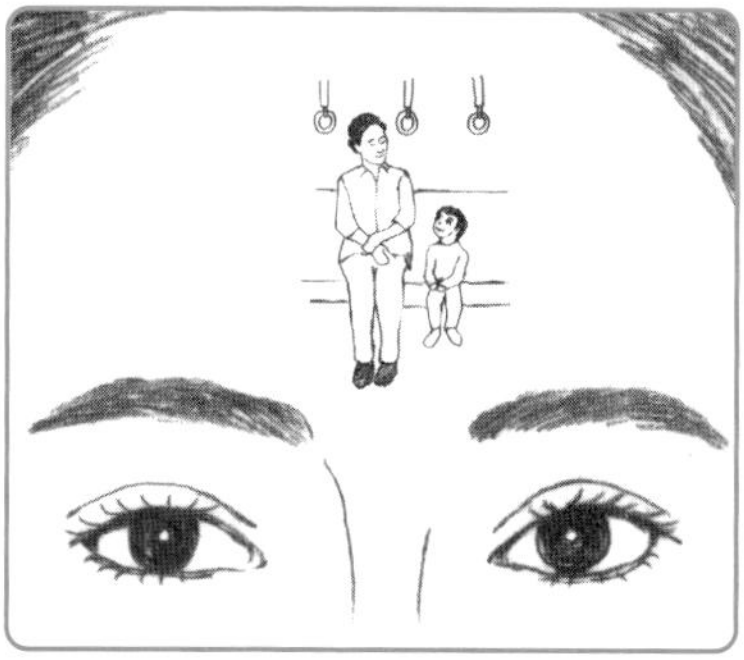

想いの強さが出るおでこに、電車に乗っている祖母と孫が見えました。祖母想いの女性でしたが、頻繁に会っていませんでした。その夜偶然、映画『阪急電車 片道15分の奇跡』で、祖母と孫のシーンを見たとのこと。

カミキリムシ

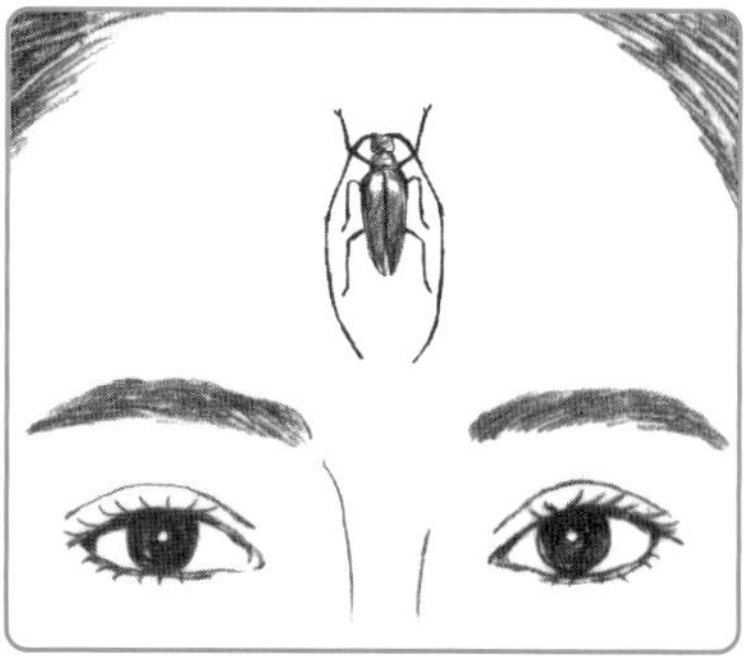

都内で働く40代くらいの女性の額のド真ん中にカミキリムシが見えてびっくりしました。この女性は昆虫が大好きで、東京に出てくる前、実家のある田舎ではカミキリムシを捕まえては標本にしていたそうです。

馬

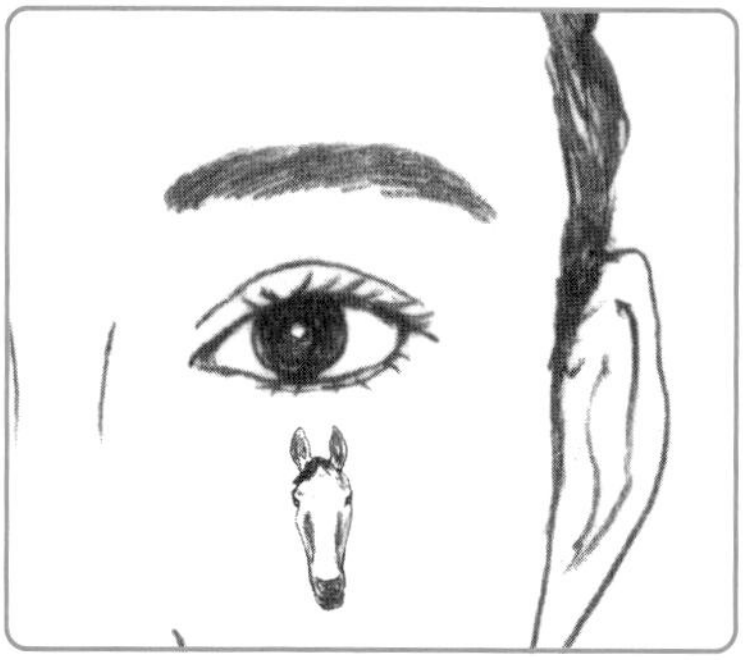

金運を表す鼻の横に馬が見えたので、当たるのではないかと思い、馬券を買うことをおすすめしました。競馬の予想など全くできない、という女性でしたが、後日、「馬券が当たりました」という報告を受けました。

ベース

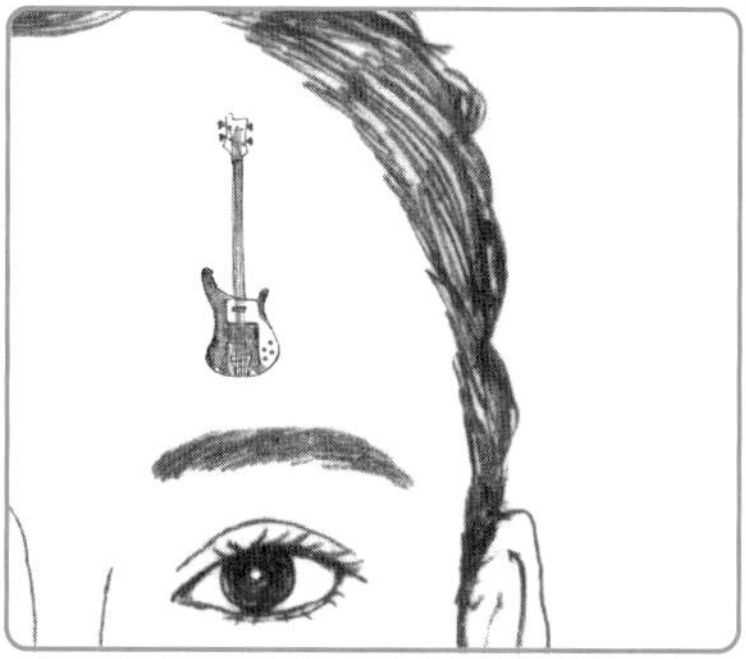

若い女性の眉の上にベースが見えました。今、好きな人がバンドマンで、ベース担当ということでした。眉はコミュニケーションを表すので、相手とのやりとりが出てきて、その人との仲が深まるサインだと伝えました。

手相と人相の関係

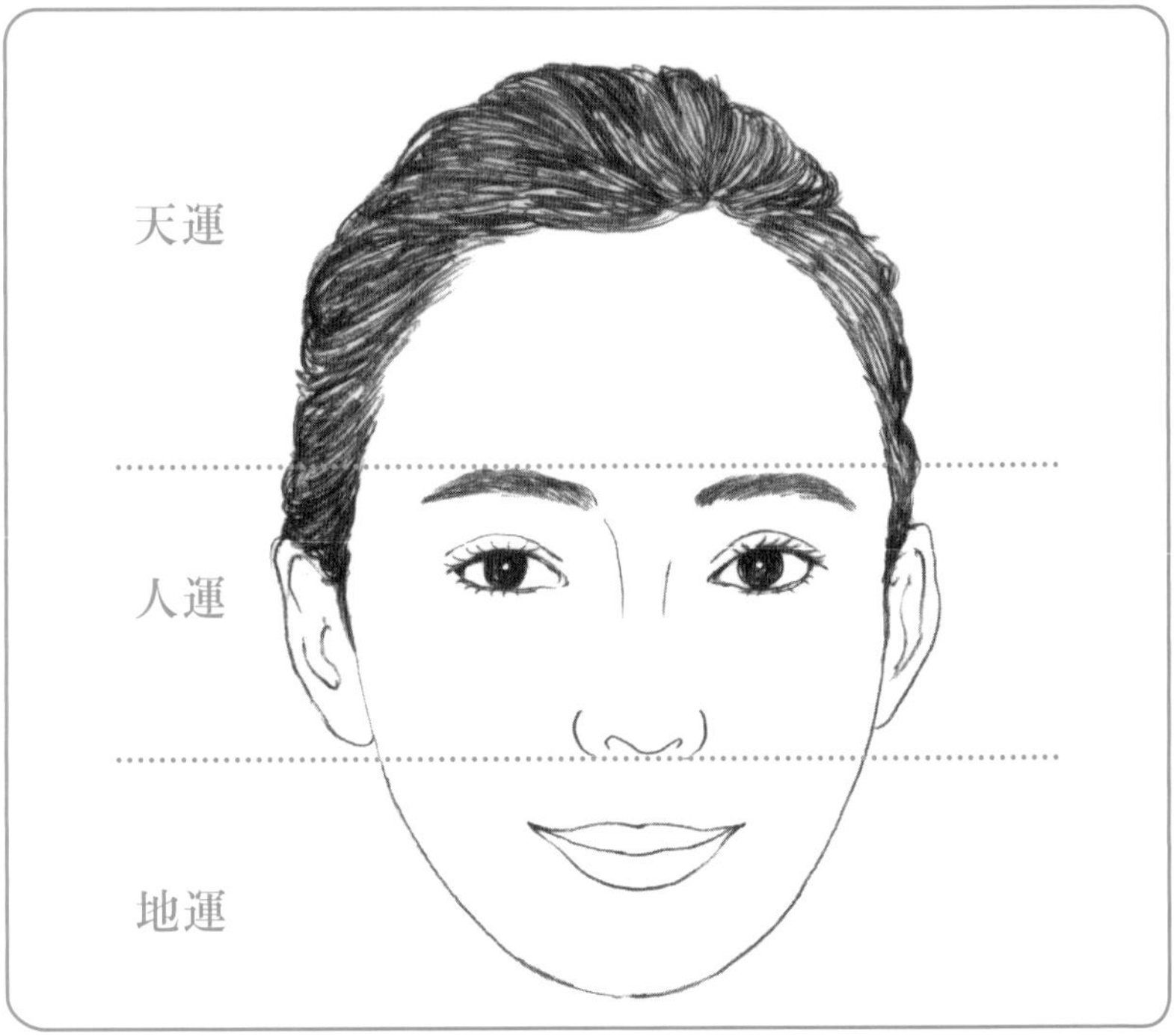

顔を上から三つに分けたとき、上部が「天運」、中央部分が「人運」、下部が「地運」を表します。おでこが広いと天から運を受けて仕事運が良く、真ん中の部分が大きな面積を占めると人間関係に恵まれ、あごが発達していると環境に恵まれ強運になります。

手相は人相の一部なので、手相と人相はリンクしていると考えます。手の平と顔の部位が対応しています。おでこを感情線から指の付け根までの間、鼻と頭脳線、あごと金星

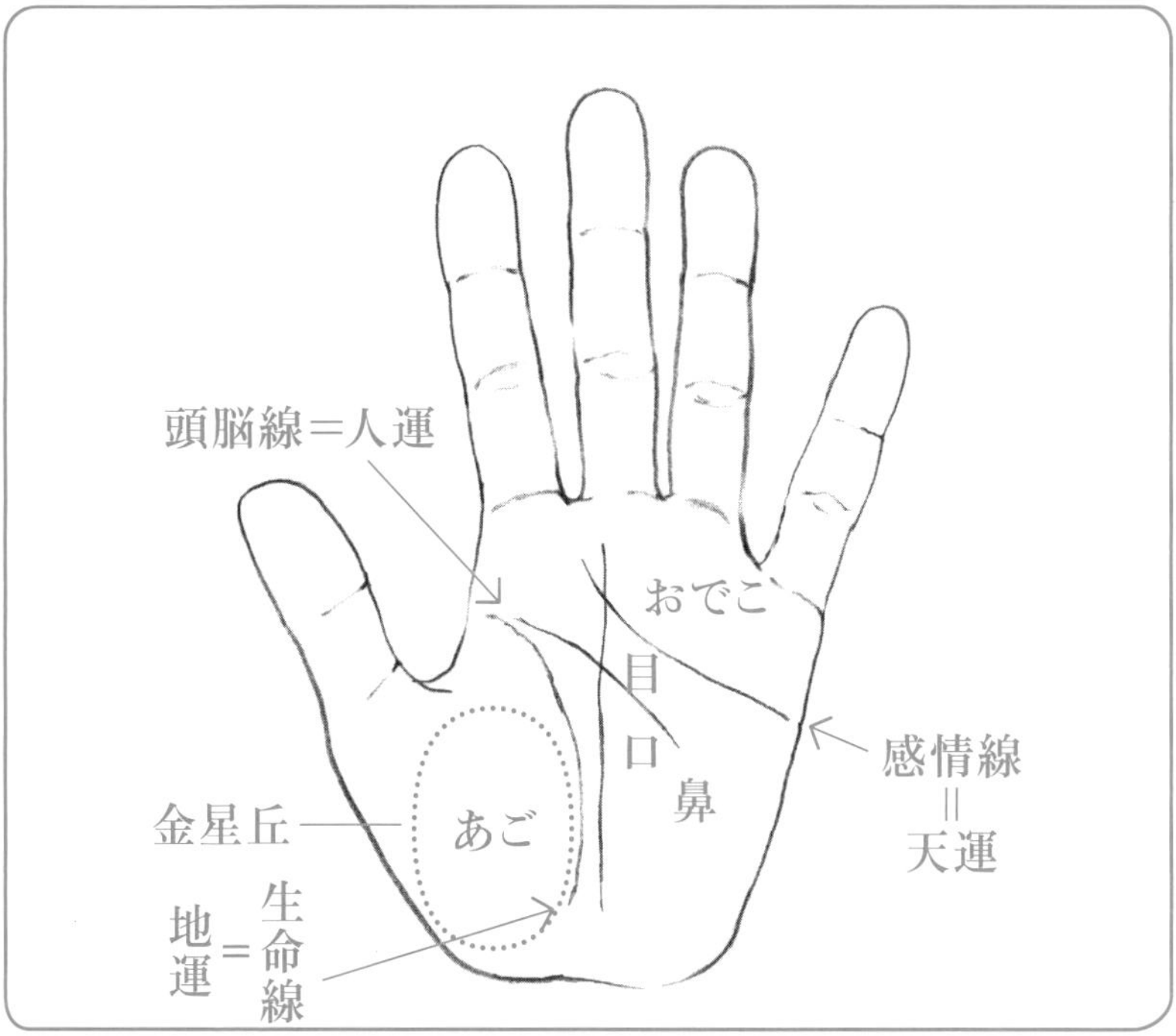

丘がそれぞれ対応していて、手の平の中に斜めに顔があるようなイメージです。人差し指、中指、薬指、小指の付け根から感情線までが天運を表し、おでこに対応します。ここが広い人は顔のおでこも広く、仕事運に恵まれます。親指の付け根付近の金星丘は地運を表すあごに対応し、ここがふくよかだと幸運な人生を送ります。感情線と生命線の間は、人運を表す目、鼻、口と対応し、ここが発達していると人間関係に恵まれます。

＼なりたい願い別／

神さまを味方につける開運メイク

自分は運が悪いと言って落ち込んでいてはダメ。
神さまは努力する人にはちゃんと手を差し伸べています。
眉が薄いならメイクで描き足して補えばいいだけですから！

目

アイライン

●金運をアップしたい

…茶

●エネルギー・人間力をアップしたい

…黒

●仕事運をアップしたい

…グレー

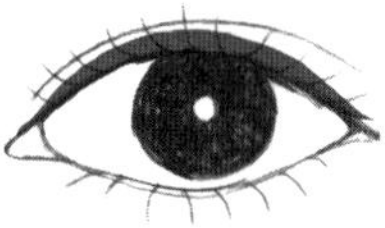

アイラインを入れるとポジティブになれます。茶色は経済観念がしっかりして、黒は自分を高めるパワーがつきます。グレーは仕事運アップ！

まつげ

●エネルギーをアップしたい

…マスカラで
長くはっきりさせる

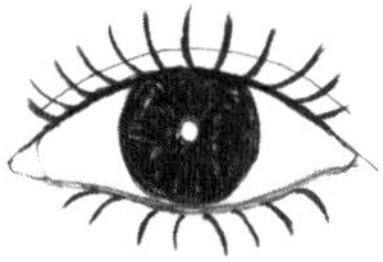

まつげが長いと目が大きく見えるので生きるエネルギーが高まります。マスカラで長く見せたり美容液でまつげを育てたりしましょう。

●運を引き寄せたい

…眉間を広げる

運の入口、眉間が広いと運が入ってきます。眉間はきれいに剃ってハイライトで広く見せて。

●直感力をUPしたい

…短い眉に

眉の長さは考える時間の長さ。短くすると直感力が上がるので、決断が早くなります。

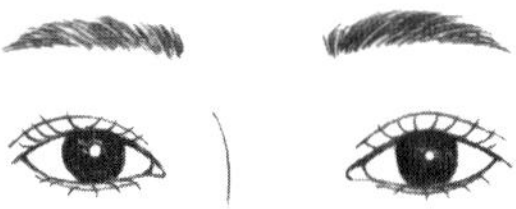

●根気よくなりたい

…長い眉に

考えずに突っ走ってしまう人は長く。思考力が高まってじっくり考えるようになれます。

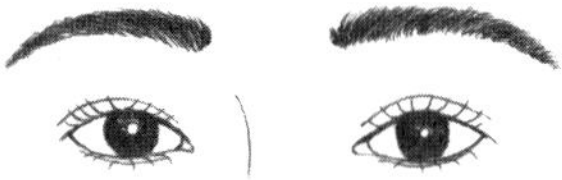

●出会い運をアップしたい

…太い眉に

出会いの神さまが素敵な人に会わせてくれます。パートナーを求めているなら太く描くこと。

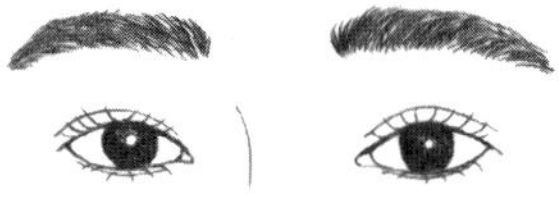

●人付き合いを減らしたい

…細い眉に

交友関係が広く交際費がかさんで困っている人は、眉を細くして交際範囲を狭くしましょう。

口

●自分を正当化させたい
…ピンク

●やる気を出したい
…赤

●魅力アップしたい
…オレンジ

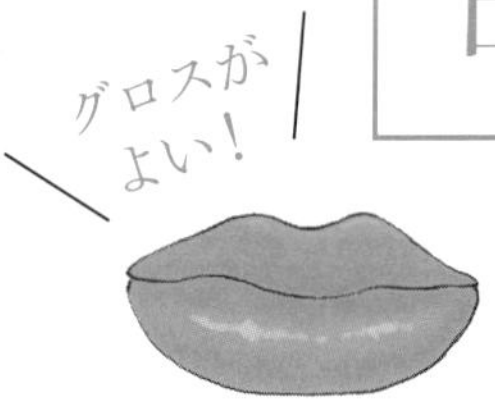

ピンクは自分を正当化させたいときのパワーに。赤はやる気が出ますが真っ赤すぎると空回りします。オレンジは奔放さが出て魅力的に。

ほお

●注目度や評価をアップしたい
…赤

周りから高い評価を得て、味方が増えるので何事もうまくいくようになります。赤が強すぎると空気を読めなくなるので、ほどよい赤に。

鼻

●慎重になりたい
…ノーズシャドウを

●目立ちたい
…ハイライトを

ノーズシャドウで鼻をシュッと細く見せると冷静な行動を取れるように。ハイライトで高く見せると自分をアピールできるようになります。

髪型

●気使いができる人になりたい

…ウェーブやカールに

髪をウェーブやカールにすると、明るくなって人の考えも柔軟に受け入れられるように。

●我が強すぎるので抑えたい

…前髪を作る

おでこは自我を表すので、我が強い人は前髪を作っておでこを隠すと我を抑えられます。

●人間関係をよくしたい

…パーマの人はストレートに、ストレートの人はパーマに

思考パターンが髪の毛に出ます。今、現状がうまくいっていない人は、髪型を真逆に変えると自然と考え方も変わっていきます。

●モテたい

…髪の色を変える

茶髪から黒髪にするとセクシーに見えたり、知的な雰囲気になりミステリアスに。黒髪を茶色くすると異性から声をかけられやすくなります。

●明るくなりたい

…明るい髪色に

真面目すぎる人は髪色を明るくすると周りから「明るい人」と見られるようになり、楽しい誘いも増えるようになって運気も高まります。

●自分をしっかり持ちたい

…黒髪に

イジられキャラだったり、周りに流されやすい人は、黒髪にすると自分が確立できて、意見も言いやすくなっていきます。

マッサージ

●仕事運をアップしたい

…白目をクリアにして目をくっきりさせるマッサージを

I

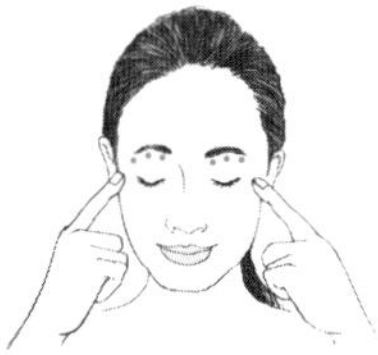

人差し指の第二関節でアイホール（赤い点）の上のくぼみを目頭から目尻に向かって押す。

2

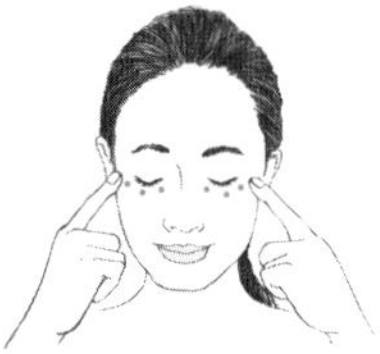

下まぶたも目頭から目尻に向かって数か所押します。イタ気持ちいいくらいの力で。

●周りに認められたい

…ほおをリフトアップするマッサージを

I

親指をあごの下にかけてから、残りの指で口と鼻を囲むように押さえます。

2

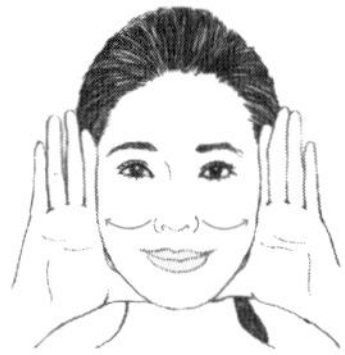

親指と人差し指のへりを使って、ほお骨から下の部分をグイッと引き上げます。

運を下げないお手入れ

●鼻毛はカット！

鼻毛が伸びていると無駄な出費が増えます。切りすぎても買い物意欲が出てしまうので、適度なカットをまめにするのがいいでしょう。

●虫歯は治療を！

口の中はプライベートを表します。虫歯があるといい運は入ってきません。すぐ治療をしましょう。歯はホワイトニングしてきれいに。

●耳掃除を！

耳は性を表します。きれいに光っていると性的に潤っている証です。汚いと異性を遠ざけてしまいます。きちんと掃除をしましょう。

アクセサリーで運をアップ！

首には人生のリズムを変えてくれる神さまがいます。運勢のリズムを変えたいときは、ネックレスをつけてみてください。逆に今ネックレスをつけていて、不運が続く場合は、外してみてください。いい運気が入ってきて、今までかみ合わなかったこともうまくかみ合うようになります。重めのイヤリングをつけて耳たぶが長くなると福耳になるので、運気が上がります。ピアスは耳を傷つけるので運が大きく変わります。プラスに出ると、劇的に運気が上昇するケースもあるので、どうにもならない状況ならば覚悟を持ってピアスの穴をあけるのもいいでしょう。神さまはキラキラ光るものに注目するので、ダイヤやスワロフスキーなどをつけるとより効果が出ると思います。そんなに高価なものでなくても、キラキラ光っていれば大丈夫。アンティークものは前の持ち主の不運を受け継いでしまうこともあるので気をつけて。アクセサリーは元々、魔除けやお守りとして使われてきたもの。自分の誕生石やパワーストーン、クロス（十字架）をつけて、危険なことや事故などから身を守ってもらったり、ハートのモチーフをつけて恋愛運をアップさせましょう！

終わりに

人相を勉強するうえで非常に興味を持ったのは画相術の存在です。普通、人相や手相などを勉強すると、顔のパーツや手のひらを読むことにばかり目がいきますが、画相術では「顔に浮かび上がった画像を読む」ということに、とても衝撃を受けました。我が家は先祖代々霊感家系で子供のころから、これを何かに生かしたいと常々思っていました。いつか人相術を極め、これに霊能力を合わせて生かそうと思っていたのです。画相を見るのはあくまで技法であって、霊感は必要がないとも占い師の先生に言われていましたが、私の画相術は、人相の古典に載っている画相の見え方と若干異なる部分があり、それが霊感を生かした見方をしている部分だと思っています。自分には霊感がないから占いはできないと思っている人が多いと思いますが、大丈夫です。みなさん、霊感があります。大事なのは、まず、霊感があると信じること。自分の中で霊感がないと決めつけてしまうと、そこで成長が止まってしまいます。霊能力の開花に至っては、年齢制限は全く関係ありません。大事なのは「気づき」です。この世の中、自然界には目には見えない法則や不思議な力が存在するのだと強く思う気持ちを持つことが大切です。「運」、「気」、「オーラ」、また、自分の霊的な力の存在を信じてトレーニングを続けてみてください。私は、手相でも画相術を見ることもやっています。自分のサイキック能力の可能性を信じていけば、自然と未来を切り開いていく力を身につけることができるのです。

　世の中には、努力をしても結果が出ない人がいるのに対し、少しの努力で大きな成功をつかむ人がいたりなど、明らかに運がよい人がいます。この人たちは、自分には全く霊感はないと思っていますが、実はサイキック能力を持ち合わせているのです。この能力は、成功した分、感謝の気持ちを持って周りの人に分け与えていかないと失われてしまいます。私は、一人の人を占うのに、たくさんの精神エネルギーを使います。一日に3人以上占うとパワーを取られてしまい、次の日、起きられなくなってしまうほどなので、現在は特別なことがない限り占わないようにしています。でも、自分のライブに来てくれたお客さんとは握手やお話をさせていただき、できる限り運を受け取ってほしいと思ってやっています。「人のために生きること」。それが自分にとっても幸せへの近道なのです。そして、これを読んだ人にも、自分を信じて努力し、幸せへの道を切り開いてほしいと願っています。

Love Me Do（ラヴ・ミー・ドゥ）

占い師、風水師、占星術家。東洋、西洋の占術に精通し、テレビ・ラジオ出演多数。『ヒルナンデス！』（日本テレビ系）の鼻占い金運診断、『日向坂で会いましょう』（テレビ東京）で夢占い師、『有吉ジャポン』（TBS系）では人気占い師・動くパワースポットとして、また、『アッコにおまかせ！』（TBS系）、『あさイチ』（NHK）にも占い師として出演。『王様のブランチ』（TBS系）では「風水キャッツアイ」という風水コーナーを担当。占い以外では『やべっちF.C.』（テレビ朝日系）のフットサル対決などがある。ラジオでは、FM GUNMA「今週の星占い」（毎週月曜日15：55～16：00）に出演している。また、東スポで隔週金曜、ウェブサイト・トカナで占いの連載をしている。著書には『部屋の角《スミ》には神様がいる！ Love Me Doの5分で簡単引き寄せ風水』（宝島社）、『3秒でわかる！手のひら手相術 手に龍神様が走る！』（さくら舎）、『30歳で星座が変わる！アラサー星占い』（学研プラス）、『鏡の中のりんごは何色ですか？　悩んだ時に啓示が降りてくる“神様の直感占い”』（サイゾー）、『月と風水　時間と空間を操る時空風水』（ゴマブックス）、『「もしもし神様ですか？」 幸運を呼び込む開運スマホ術』（リットーミュージック）などがある。

イラスト：中村千春／Li_coo　帯撮影：石田純子　ブックデザイン：久能真理

1秒《びょう》で分《わ》かる！ 人相術《にんそうじゅつ》 顔《かお》には9人《にん》の神《かみ》さまがいる！

2020年5月30日　初版1刷発行

著　者　Love Me Do《ラヴ・ミー・ドゥ》
発行者　田邉浩司
発行所　株式会社 光文社
〒112-8011 東京都文京区音羽1-16-6
電　話　編集部 03-5395-8172／書籍販売部 03-5395-8116／業務部 03-5395-8125
メール　non@kobunsha.com
落丁本・乱丁本は業務部へご連絡くだされば、お取り替えいたします。

組　版　萩原印刷
印刷所　萩原印刷
製本所　ナショナル製本

ISBN978-4-334-95159-7